RAPPORT

DU

GÉNÉRAL DE LA MORICIÈRE

A MONSEIGNEUR DE MÉRODE

Ministre des armes de Sa Sainteté Pie IX

Sur les opérations de l'Armée pontificale contre l'invasion piémontaise
dans les Marches et l'Ombrie

ACCOMPAGNÉ DE TROIS CARTES

FOURNIES PAR L'ÉTAT-MAJOR DU GÉNÉRAL.

PARIS

CHARLES DOUNIOL, LIBRAIRE-ÉDITEUR

Rue de Tournon, 29

1860

LA MÊME LIBRAIRIE.

LE GÉNÉRAL DE LAMORICIÈRE; par le vicomte de MEAUX. In-8.   50 c.

LETTRE A M. LE COMTE DE CAVOUR, président du conseil des Ministres de Turin, par le comte Charles de MONTALEMBERT, de l'Académie française. In-8.   50 c.

PIE IX ET LA FRANCE, en 1849 et 1859, par M. le comte de MONTALEMBERT, membre de l'Académie française. Deuxième édition.   80 c.

LA BROCHURE LE PAPE ET LE CONGRÈS, LETTRE A UN CATHOLIQUE; par Mgr l'évêque d'Orléans. In-8.   80 c.

SECONDE LETTRE DE MONSEIGNEUR L'ÉVÊQUE D'ORLÉANS à un catholique sur le démembrement dont les États pontificaux sont menacés. In-8.   80 c.

LETTRE DE MONSEIGNEUR L'ÉVÊQUE D'ORLÉANS à M. Grandguillet, rédacteur en chef du Constitutionnel. In-8.   80 c.

RÉPONSE de Mgr l'évêque d'Orléans à M. le baron Moiroguier. In-8   50 c.

LA FRANCE, L'EMPIRE ET LA PAPAUTÉ, Question de droit public; par M. VILLEMAIN, membre de l'Institut. In-8.   80 c.

LES DROITS DU PAPE. Réponse à la brochure le Pape et le Congrès; par M. POUJOULAT. In-8.   1 fr.

LE PAPE ET LA LIBERTÉ; par M. POUJOULAT. In-8.   80 c.

RÉPONSE A LA CIRCULAIRE DE M. LE MINISTRE DES AFFAIRES ÉTRANGÈRES relative à l'Encyclique du Pape; par M. POUJOULAT. In-8.   80 c.

LE CABINET ANGLAIS, L'ITALIE, LA FRANCE ET LE CONGRÈS; par lord NORMANBY. Traduit sur la seconde édition, par M. AUDLEY. In-8.   1 fr.

LE GRAND-DUC FERDINAND IV ET LA TOSCANE; par le vicomte de VALORI. In-8.   1 fr.

LE PAPE ET LA CONFÉDÉRATION ITALIENNE; par M. le vicomte de VALORI. In-8. (Épuisé.)

LA MAISON DE LORRAINE; par M. le vicomte de VALORI. In-8.   1 fr.

LES DROITS DU PEUPLE, LETTRE A M. H. DE RIANCEY; par M. le vicomte de VALORI. In-8.   50 c.

L'AUTRICHE ET LE PIÉMONT. Appel à l'histoire, par le prince H. de VALORI. In-8.   3 fr.

L'ENCYCLIQUE et les libertés de l'Église gallicane; par E. KELLER, député au corps législatif. In-8.   1 fr.

DE L'INVIOLABILITÉ PAPALE. Quelques mots sur la question italienne; par M. Léonce DE GUIRAUD. In-8.   50 c.

LE PIÉMONT AU BAN DE L'EUROPE, par Henri de VALORI. In-18.   15 c.

LA SOUVERAINETÉ PONTIFICALE selon le droit catholique et le droit européen; par Mgr l'évêque d'Orléans, de l'Académie française. In-8.   7 fr.

DU DEVOIR DANS LES CIRCONSTANCES ACTUELLES. Question italienne; par M. DE FALLOUX, de l'Académie française. In-8.   50 c.

LA QUESTION ITALIENNE ET L'OPINION CATHOLIQUE EN FRANCE; par M. Augustin Cochin; précédée d'une lettre du R. P. Lacordaire. In-8.   80 c.

RAPPORT

DU

GÉNÉRAL DE LA MORICIÈRE

A MONSEIGNEUR DE MÉRODE

MINISTRE DES ARMES DE SA SAINTETÉ PIE IX

Sur les opérations de l'armée pontificale, contre l'invasion
plémontaise dans les Marches et l'Ombrie

ACCOMPAGNÉ DE TROIS CARTES

FOURNIES PAR L'ÉTAT-MAJOR DU GÉNÉRAL

PARIS

CHARLES DOUNIOL, LIBRAIRE-ÉDITEUR,

Rue de Tournon, 29.

—

1860

Imprimerie de W. REMQUET ET Cie, rue Garancière, 5.

RAPPORT

DE

GÉNÉRAL DE LA MORICIÈRE

(Rome, le 3 novembre 1860.)

PREMIÈRE PARTIE.

Exposé de la situation à la fin d'août et dans les premiers jours de septembre. — Effectif et emplacement des troupes. — Envahissement du territoire pontifical par les bandes piémontaises. — Sommation du gouvernement sarde.

MONSEIGNEUR,

Je viens bien tardivement vous rendre compte de nos opérations pendant la dernière partie du mois de septembre dernier. Votre Excellence connaît déjà la plupart des faits dont j'ai à l'entretenir ; elle sait aussi que par suite de l'immense déploiement de forces qu'on a fait contre nous, toutes nos communications ont été coupées dès le commencement de la guerre, et que, presque tous les chefs de l'armée ayant été emmenés en captivité, c'est à peine si j'ai pu réunir aujourd'hui les renseignements que j'aurais dû recevoir.

Mais si ce rapport apprend peu de chose à Votre Excellence quant aux résultats, il fera mieux comprendre l'ensemble des opérations de notre petite armée, montrera les fatigues et les dangers contre lesquels elle a eu à lutter, précisera certains détails qu'il importe de ne pas laisser dans le vague où ils sont restés, et indiquera la part qu'ont prise les divers corps à ces luttes, qui, bien qu'ayant abouti à une défaite, n'ont pas été sans gloire.

Au commencement du mois de septembre, Votre Excellence m'avait communiqué les assurances données par l'ambassadeur de France, au nom du Piémont, que non-seulement cette puissance n'envahirait pas notre territoire, mais qu'elle s'opposerait même à ce qu'il fût envahi par les bandes de volontaires qui se formaient de l'autre côté de nos frontières.

Les mesures prises contre le colonel Nicotera, qui avait réuni 2,000 hommes aux environs de Livourne et voulait les jeter sur nos côtes, venaient à l'appui des promesses qu'on nous avait faites, et il paraissait que c'était du côté du royaume de Naples que nous avions à craindre une invasion.

Déjà, à plusieurs reprises, on nous avait annoncé des embarquements de troupes dans la Sicile et dans les Calabres pour venir attaquer les côtes des Marches, et après l'occupation de Naples par le géné_il Garibaldi, tout semblait faire croire que nos provinces du sud ne tarderaient pas à être envahies.

D'après ces données diplomatiques, que confirmaient les indications recueillies dans le pays, j'arrêtai comme suit l'organisation et la répartition de l'armée sur le territoire à défendre.

Première brigade. — Général SCHMID.

Quartier général à Foligno.

2ᵉ rég. de ligne.	batail.	2
2ᵉ rég. étranger.	»	2
		4

Une compagnie de gendarmerie mobile.

6ᵉ batterie. . . . . 6 pièces.

Un détachement de gendarmes à cheval.

Deuxième brigade. — Général marquis DE PIMODAN.

Quartier général à Terni.

1ᵉʳ et 2ᵉ bat. de chasseurs.	batail.	2
2ᵉ bat. de bersaglieri.	»	1
Bat. de carabiniers.	»	1
Demi-bat. de tiraill. franco-belges. . . .	»	1/2
		4 1/2

Deux escadrons de dragons.	2
Un escadron de chevau-légers	1
	3

11ᵉ batterie. . . . . 6 pièces.

Troisième brigade. — Général DE COURTEN.

Quartier général à Macerata.

1er et 2e bat. de bersaglieri.	batail.	2
1er de ligne	»	2
		4

Un escadron de gendarmes.

7e et 10e batteries. . . . . 12 pièces.

Cette brigade était destinée à compléter la garnison d'Ancône dans le cas où cette place serait sérieusement menacée.

Réserve. — Colonel CROPT. — Sous les ordres du général en chef.

Quartier général à Spolète.

1er rég. étranger. . . . . batail. 2

Volontaires pontificaux à cheval.

8e batterie. . . . . 6 pièces.

Outre ces troupes qui pouvaient être mobilisées, nous étions obligés de prélever sur notre petite armée, d'abord la garnison de sûreté pour la ville d'Ancône, formée du 4e bataillon de bersaglieri et de la moitié du 5e en formation, de la moitié du bataillon de Saint-Patrick, de 2 compagnies du 2e étranger et d'une compagnie de gendarmerie mobilisée. Enfin nous occupions la citadelle de Pesaro par environ 600 hommes, celle de Pérouse par 500, la ville d'Orvieto par une compagnie, la Rocca de Viterbe par 4 compagnies, celle de Spolète par une force à peu près égale; 300 hommes du 1er régiment étranger étaient à Rome, et les prisons de Saint-Leo, Paliano et Civita-Castellana nous occupaient chacune une compagnie.

Obligés de réduire notre effectif par tous ces détachements, il avait été décidé que pour ne pas diminuer le nombre de nos bataillons mobilisables, toutes ces petites garnisons seraient formées en prenant deux compagnies de chacun des bataillons qui en avaient 8, sauf le bataillon de Saint-Patrick qui, n'ayant encore ni sacs, ni gibernes, était partagé entre les garnisons de Spolète, Pérouse et Ancône.

Nous avions en tout 16 bataillons et 2 demi-bataillons; la garnison d'Ancône en absorbait 2; il en restait à mobiliser 14 qui fournissaient 20 compagnies aux garnisons de nos places; c'est ce qui explique le faible effectif qu'ils présentaient, lequel était inférieur à 600 hommes en moyenne. Soit en tout 8,000 baïonnettes, environ 300 hommes d'artillerie et 1,000 chevaux.

Nos ambulances ne se composaient que de quelques charriots, et, quant au train des équipages, nous en manquions absolument.

Pour compléter cet exposé, je dois ajouter que dans le but de faire face à l'agitation qu'on nous avait signalée dans les Abruzzes, et aux menaces d'invasion, j'avais envoyé de ce côté le capitaine de Chevigné, mon aide de camp, organiser les montagnards d'Ascoli, qui demandaient des armes et des munitions, et dont le dévouement au gouvernement pontifical ne nous a point fait défaut.

Notre armement laissait sans doute beaucoup à désirer. Un seul de nos bataillons était armé de carabines Minié, un autre avait des carabines suisses qui nécessitaient un approvisionnement particulier. Deux bataillons et demi et trois compagnies de voltigeurs avaient pu seuls recevoir des fusils rayés. Le gouvernement pontifical, malgré ses démarches réitérées auprès des diverses puissances, n'avait pu encore se procurer un nombre suffisant d'armes de précision aujourd'hui indispensables à l'infanterie.

Notre artillerie, formée à la hâte, comptait beaucoup de conducteurs incomplétement exercés; nos pièces n'étaient attelées que de quatre chevaux; et quand, pour manœuvrer, nous devions leur en donner six, nous étions obligés de requérir des chevaux ou des bœufs pour traîner les réserves de munitions attachées aux batteries. Enfin nous n'avions pu encore organiser un parc de réserve.

Telle qu'elle était, notre petite armée était cependant pleine de confiance.

On savait que les soldats des troupes royales de Naples auxquels on avait fait mettre bas les armes, n'avaient point voulu s'enrôler dans les troupes du général Garibaldi, et que les nombreux navires de guerre, qui avaient passé à l'insurrection, avaient dû être désarmés par suite du refus des matelots de combattre contre le roi.

Nous ne craignions donc pas d'attaque sérieuse par mer sur Ancône, et l'effectif des troupes organisées du général Garibaldi ne dépassant pas beaucoup le nôtre, la défense du territoire pontifical paraissait assurée.

Telle était notre situation, lorsque dans les premiers jours de septembre une communication de S. M. l'empereur François-Joseph, adressée aux officiers et soldats des quatre bataillons bersaglieri recrutés en Autriche, vint jeter quelque hésitation parmi eux et parmi les régiments de langue allemande. C'était, suivant moi, par une très-fausse interprétation de la pensée de S. M. que ce résultat s'était produit.

Mais comme dans la circulaire précitée, on prévoyait le cas où notre armée, attaquée par des forces trop supérieures, verrait triompher la révolution, et qu'on promettait à ceux qui auraient glorieusement résisté et combattu jusqu'au dernier moment, de les recevoir dans l'armée autrichienne, où la plupart avaient servi déjà, certaines imaginations brodèrent sur ce thème. On disait que, puisque S. M. prévoyait le cas où la révolution devait triompher, cela prouvait que nous devions être attaqués à la fois du côté du nord et du côté du sud, que nous ne serions soutenus par aucune puissance ; et chacun mesurait à son courage la longueur de la résistance qu'il faudrait faire pour obtenir les avantages promis.

Les événements devaient bientôt faire trêve à ces préoccupations, sans cependant en détruire entièrement le fâcheux effet.

Votre Excellence se rappelle que, dans les premiers jours de septembre, certaines gens voulant distraire notre attention des frontières de Toscane et des Romagnes, essayèrent de produire une agitation factice du côté de Frosinone, annonçant, d'une part, le soulèvement de 5,000 ouvriers, presque tous étrangers, employés au chemin de fer entre Ceprano et Frosinone, et de l'autre, l'invasion de notre frontière par des troupes de garibaldiens venant du royaume de Naples en débouchant sur Rieti. Ces bruits, quoique mensongers, ayant jeté de l'inquiétude jusqu'aux environs de Velletri, Votre Excellence avait cru nécessaire d'y envoyer une petite colonne mobile et de s'y rendre elle-même pour examiner de plus près l'état des choses. La seule présence des troupes avait suffi pour calmer les inquiétudes et les agitations qui furent reconnues plus simulées que réelles.

A peine Votre Excellence avait quitté Rome, que des informations que je ne pouvais révoquer en doute, annonçaient la formation de bandes d'insurgés sur la frontière des Romagnes et de la Toscane, en avant de la Cattolica et d'Urbino, dans les environs de Borgo S. Sepolcro, d'Arezzo, de Cortone et de Chiusi.

En même temps, on signalait dans les mêmes parages des colonnes piémontaises plus nombreuses que celles qui s'étaient présentées jadis pour empêcher les bandes d'envahir notre territoire. Monseigneur Bella, délégat de Pesaro, annonçait qu'un parc de siége avait été vu aux environs de Ravenne. Les révolutionnaires disaient hautement que les troupes piémontaises allaient suivre les bandes sur notre territoire, et que le parc de siége serait embarqué pour Senigaglia et dirigé sur Ancône ; les agents piémontais affirmaient qu'il serait embarqué pour Gaëte.

Je priai alors S. Em. le cardinal Antonelli de demander à l'ambassade de France, qui voulait bien servir d'intermédiaire entre le gouvernement pontifical et le Piémont, des explications sur la formation des bandes et les mouvements des Piémontais. On nous répondit, comme par le passé, que d'une part le Piémont continuerait, comme il l'avait fait récemment, à s'opposer à l'envahissement de notre territoire par les bandes, et que, quant aux troupes piémontaises, elles ne nous attaqueraient pas.

Dans la nuit du 8 au 9 et dans la matinée de ce jour, j'appris qu'Urbino, Fossombrone, Citta della Pieve avaient été envahis par des volontaires, et qu'après une vive résistance de nos gendarmes et de nos auxiliaires, qui avaient eu des tués et des blessés, les armes pontificales avaient été renversées pour faire place à celles de la maison de Savoie.

J'ordonnai immédiatement au général de Courten de se diriger sur Fossombrone avec sa brigade et de pousser ensuite jusqu'à Urbino, mais en lui recommandant de se renseigner et de manœuvrer toujours, de manière à ne point laisser couper ses communications avec Ancône ; et au général Schmid, de se porter sur Citta della Pieve avec deux bataillons et une section d'artillerie, afin de réoccuper cette ville et de protéger notre territoire.

En donnant ces ordres, je me trouvais, je l'avoue, dans une grande perplexité ; je n'étais point rassuré contre une invasion de notre territoire par le sud, et, malgré les assurances reçues au nom du Piémont, il me restait de graves inquiétudes de ce côté.

L'ensemble avec lequel les bandes avaient franchi notre frontière, l'assurance avec laquelle les révolutionnaires annonçaient le concours des troupes piémontaises, et enfin l'inquiétude inaccoutumée qui se voyait dans les populations dévouées au Saint-Siége, semblaient indiquer quelque chose de grave dans la situation.

Si le Piémont devait soutenir les bandes avec tout ou partie des troupes massées sur nos frontières, je devais tenir mes troupes réunies et marcher sur Ancône ; si le général Garibaldi devait nous attaquer, il fallait laisser la brigade du général Pimodan à Terni, et me tenir prêt à le rejoindre avec le reste des troupes pour couvrir les provinces au sud de Rome. Cependant j'étais obligé de tenir compte de l'invasion de nos frontières par les bandes et de faire marcher des détachements contre elles, commençant ainsi à diviser mes forces.

J'envoyai dans la journée une dépêche télégraphique à S. Em. le cardinal Antonelli, dont je recevais à 9 heures 10 minutes du soir la communication suivante :

« On ne connaît encore rien de nouveau sur le but des mouvements des troupes piémontaises. On a demandé des explications à ce sujet, mais on n'a pas encore reçu la réponse. Aussitôt qu'elle arrivera, elle vous sera communiquée. En attendant agissez librement suivant vos plans. »

Cette dépêche ne me fixait point sur ce que j'aurais voulu savoir; mais les journaux et les correspondances que je reçus quelques jours après me montrèrent que le reste de l'Europe était alors fort au courant des projets du Piémont.

J'étais aux prises avec toutes ces incertitudes, lorsque, dans l'après-midi du 10, l'arrivée du capitaine Farini, aide de camp du général Fanti, vint m'en faire sortir. Il était porteur d'une lettre que m'adressait le général Fanti, ministre de la guerre et commandant en chef de l'armée piémontaise. Bien que cette pièce ait été publiée, je dois la résumer ici.

Cet officier général me faisait connaître, par ordre du roi de Piémont, que ses troupes occuperaient au plus tôt les Marches et l'Ombrie dans les cas suivants :

1° Si des troupes à mes ordres se trouvant dans une ville de ces provinces avaient à faire usage de la force pour comprimer une manifestation dans le sens national ;

2° Si je donnais l'ordre à des troupes de marcher sur une ville des mêmes provinces où une manifestation dans le sens national se serait produite ;

3° Si une manifestation dans le sens national s'étant produite dans une ville et ayant été comprimée par nos troupes, je ne donnais pas l'ordre immédiat à ces troupes de se retirer, afin de laisser la ville libre d'exprimer ses vœux.

Le général me demandait une réponse immédiate à sa lettre. Je me bornai à lui écrire par le télégraphe que je n'avais ni qualité, ni pouvoirs, pour répondre à une communication de la nature de celle qu'il m'avait faite, que je la transmettais à Rome, et qu'il recevrait sous peu la réponse que son aide de camp semblait vouloir attendre.

J'étais indigné de la lettre qui venait de m'être remise. Le capitaine Farini, reçu par moi très-courtoisement, m'ayant dit qu'il connaissait le contenu de la dépêche qu'il m'avait apportée, je lui fis observer que ce que l'on me proposait, c'était d'évacuer sans combat les provinces que j'avais pour mission de défendre; que c'était pour nous la honte et le déshonneur ; que le roi de Piémont et son général auraient pu se dispenser de m'envoyer une pareille sommation, et qu'il eût été plus franc de nous déclarer la guerre; enfin que, malgré la supériorité numérique du Piémont, nous n'oublierions pas qu'à certains jours officiers et soldats ne doivent ni compter l'ennemi ni ménager leur vie pour sauver l'honneur outragé du gouvernement qu'ils servent.

Je terminai en renouvelant ma déclaration que ce que je venais de dire n'avait rien d'officiel, et que je m'en référais à la réponse qui viendrait de Rome.

A peine avions-nous dîné, que le général Fanti me priait par le télégraphe de faire repartir immédiatement son aide de camp, sans attendre la réponse du gouvernement Pontifical.

Il voulait, dès le lendemain, même faire passer la frontière à ses troupes et commencer l'attaque de Pesaro, où on ignorait encore les communications qui nous avaient été faites.

Il était clair d'ailleurs que les bandes n'avaient agi que par ordre du gouvernement Piémontais et dans le but de diviser nos forces ; et alors qu'on nous déclarait la guerre le 10 au soir, on nous la faisait en réalité depuis trois jours.

Que si on voulait prétendre contre toute vraisemblance que

les bandes avaient agi spontanémer... sans ordres du gouvernement Piémontais, nous nous bornerions, pour toute réponse, à
citer un document officiel piémontais et publié dans le *Journal
de Rome* du 26 octobre 1860, document duquel il résulte que le
colonel Masi avait été remis en activité de service pour rentrer
en solde à partir du 8 septembre, et que c'est précisément ce
jour-là qu'il passait nos frontières à Citta della Pieve.

Le 10 au soir, V. E., revenue dans la journée de Velletri,
m'écrivait la lettre suivante, que je fis immédiatement connaître
aux troupes : « L'ambassade de France a été informée que l'em-
« pereur Napoléon III avait écrit au roi de Piémont pour lui
« déclarer que s'il attaquait les États du Pape, il s'y opposerait
« par la force (1). »

· Le débarquement du 62ᵉ de ligne, arrivé à Civitta-Vecchia le
6, venait à l'appui de cette importante nouvelle.

DEUXIÈME PARTIE.

**Dispositions prises pour faire face à la situation. — Les troupes
disponibles marchent sur Lorète. — Les Piémontais prennent
les citadelles de Pesaro, Pérouse, Spolète, la ville d'Orvieto. —
Arrivée à Lorète. — Embarquement du trésor pour Ancône.**

Malgré ces espérances qui, malheureusement pour nous, devaient bientôt s'évanouir, je me hâtai de me préparer à la lutte
inégale qui allait s'engager et dont nous étions tous résolus d'ac-
cepter les chances, quelles qu'elles fussent.

Dès le 10 au soir, j'avais prévenu le général de Pimodan de
rassembler ses cantonnements qui s'étendaient jusqu'à Narni, et
de rappeler un escadron envoyé vers Ponte-Lucano pour appuyer
la colonne qui manœuvrait en avant de Velletri.

La journée du 11 était nécessaire pour opérer ces mouvements de concentration, distribuer les vivres, compléter les munitions, requérir les transports dont nous avions besoin. Votre
Excellence sait que le gouvernement pontifical n'étant en guerre

(1) On sait que c'est sur le texte de cette dépêche que s'est établie la récente
controverse en dehors de laquelle a dû demeurer le général de La Moricière lui-
même. On trouvera dès-lors naturel que nous la reproduisions dans les termes
où elle a été reçue par lui.　　　　　　　　　　　　　　　(*Note de l'éditeur.*)

avec personne, n'avait point voulu mettre ses troupes sur le pied de guerre, que nos mouvements se faisaient toujours comme pour des changements de garnison et avec une quantité de bagages que, malgré nos efforts, nous n'avions pu réduire à des proportions raisonnables.

Enfin, il fallait à la hâte mettre La Rocca de Spolète en état de se défendre seule. Le commandement en fut confié au major O'Reïlly avec 300 Irlandais, une soixantaine de gendarmes et 150 hommes environ de divers corps non encore équipés. Le commandement de l'artillerie de la petite place fut donné au capitaine de Baye, arrivé de France depuis trois jours.

J'écrivis au général de Courten pour lui dire de se replier sur Ancône; au général Schmid, pour l'informer de ce qui se passait, en lui disant de se replier sur Viterbe ou sur Pérouse, s'il se trouvait en présence de forces piémontaises supérieures aux siennes; et je l'informais que j'emmenais avec moi dans les Marches un bataillon du 2ᵉ étranger faisant partie de sa brigade et laissée en observation avec une section de campagne aux environs de Pérouse.

Le 12, de grand matin, je me mettais en marche de Spolète avec les 2 bataillons du 1ᵉʳ étranger, une compagnie du bataillon Saint-Patrick et un petit bataillon de 5 compagnies du 1ᵉʳ de ligne.

Le soir, je faisais ma jonction à Foligno avec le 2ᵉ bataillon du 2ᵉ étranger rappelé de Pérouse, en tout 4 bataillons. Le général de Pimodan partait de Terni, une marche derrière moi, avec 4 bataillons et demi et 300 chevaux. Nous avions, entre nous deux, seize pièces d'artillerie.

Nous suivions la route ordinaire d'étapes par Foligno et Tolentino pour gagner Macerata, où il était très-important d'arriver avant les colonnes piémontaises.

Notre route se fit sans accidents, et j'arrivai, en faisant une marche de nuit, le 15 au matin à Macerata. Les têtes de colonnes piémontaises qui s'avançaient pour cerner Ancône n'étaient qu'à une marche de nous, dans la direction de Iesi. Elles avaient été retardées d'un jour par la résistance désespérée que le colonel Zappi avait faite dans la petite forteresse de Pesaro, où, avec une poignée d'hommes et 3 canons, il avait arrêté pendant vingt-deux heures le corps d'armée du général

Cialdini. N'ayant hissé un pavillon blanc et envoyé un parlementaire que quand il fut réduit à la dernière extrémité, il avait dû se rendre prisonnier de guerre. Mais il avait glorieusement accompli son devoir et rendu un grand service à l'armée.

Me trouvant à une marche de l'ennemi très-supérieur en nombre, j'aurais dû attendre le général de Pimodan afin de diminuer la distance qui me séparait de lui ; mais une circonstance, secondaire en apparence, compliquait ma situation.

J'avais demandé à Votre Excellence de nous envoyer quelques fonds afin d'assurer la solde des troupes en marche ainsi que le service des vivres, qui jusqu'ici n'avait point été organisé. Or, en même temps, le service de la trésorerie à Ancône s'apercevait un peu tard qu'il manquait de fonds pour le payement des travaux, des approvisionnements de grains, et pour celui de diverses fournitures que l'étranger nous avait faites ; des demandes beaucoup plus importantes que la mienne et non moins urgentes étaient donc venues de ce côté.

Sa Sainteté avait fait envoyer à Ancône, il y a environ six mois, et déposer dans la citadelle, une somme de 500,000 francs, à laquelle on ne devait toucher qu'en cas d'urgence. Malgré cette injonction, ce dépôt avait été employé pour les besoins ordinaires, sans même qu'on se fût donné la peine d'en rendre compte. Il était épuisé, et la caisse camérale, chargée du service courant, était dépourvue de fonds. Tout cela se présentait à point nommé au jour de l'invasion des Piémontais.

Votre Excellence m'envoya non-seulement les sommes assez restreintes dont j'avais besoin pour le service des troupes en marche, mais aussi celles beaucoup plus importantes que réclamait le service d'Ancône.

J'aurais mieux aimé que les fonds destinés à Ancône fussent envoyés par mer ; car, dès le premier moment, j'avais regardé mon arrivée dans cette ville avec toutes mes voitures et les nombreux bagages dont j'ai parlé déjà comme fort problématique, et les voitures du Trésor n'étaient pas de celles qu'il était le plus facile de sauver en cas d'embarras. Mais il n'était plus temps de modifier les dispositions prises, et je devais subir les conditions qui m'étaient faites.

J'avais vu pendant la nuit le général de Pimodan, dont les

troupes étaient comme les miennes très-fatiguées par la chaleur et la marche ; je lui fis part de la résolution que j'avais prise de quitter, à partir de Macerata, la route postale qui traverse la plaine de Potenza, par Sambucheto et Recanati, et de prendre une route qui suit la crête des collines entre le bassin de la Potenza et celui de la Chienti, va passer la Potenza auprès de son embouchure et conduit à Porto de Recanati.

J'allongeais ma marche, mais je débouchais directement sur la mer, où je pouvais embarquer le trésor destiné à Ancône ; je m'éloignais aussi de l'ennemi, et par la configuration du terrain, je n'avais rien à craindre de sa nombreuse cavalerie ; enfin, d'après les positions qu'il occupait, s'il n'était pas impossible qu'il me précédât à Lorète, il y avait tout à croire que j'arriverais avant lui au bord de la mer, et pourrais réaliser mon projet.

J'avais prescrit en route au général de Pimodan d'éviter, autant qu'il le pourrait, tout combat sérieux autour de Macerata, et de suivre la même route que moi.

Nous partîmes avant le jour, et notre marche fut retardée par les pentes rapides que présente la route que nous suivions. La chaleur était très-forte, et nous n'arrivâmes à la mer qu'après six heures du soir. Les petites canonnières que j'avais demandées à Ancône n'étaient point arrivées à Porto di Recanati ; nous mettions à la mer de grosses barques de pêcheurs pour leur confier notre trésor, lorsque nous aperçûmes au large le *S. Paolo*, petit bâteau à vapeur de service du port d'Ancône, que je croyais pris à Pesaro, et que M. de Quatrebarbes, chef d'état-major à Ancône, avait envoyé à Recanati avec M. de la Péraudière, volontaire à cheval, pour avoir de nos nouvelles.

Les lettres qui demandaient les canonnières n'étaient point arrivées.

Le sous-intendant Ferri s'embarqua avec le trésor ; dans la précipitation de l'opération, qui se faisait de nuit, on emporta à Ancône les fonds que j'avais fait sortir des caisses pour le service des troupes en marche, ce qui me causa le lendemain de grands embarras.

Nous étions en effet fort pressés de confier notre argent au bateau à vapeur. D'une part, la mer grossissait, et d'un instant à l'autre, l'embarquement pouvait devenir impossible sur la plage de Porto di Recanati ; d'autre part, mon avant-garde me prévenait que des dragons piémontais avaient occupé Lorète dans la soirée, et qu'ils avaient laissé une grand'garde dans la ville, dont les portes étaient fermées. Je dirigeai immédiatement sur Lorète, dont nous n'étions qu'à cinq kilomètres, les volontaires à cheval et l'escadron de gendarmerie que j'avais pris à Macerata. M. de Bourbon-Chalus commandait cette troupe, qui reçut l'ordre de partir au trot.

Le capitaine de gendarmerie San Pieri et un de ses officiers déclarant ne pouvoir pas soutenir cette allure, je donnai le commandement de l'escadron au capitaine Pallfy, mon officier d'ordonnance.

La cavalerie occupa Lorète sans difficulté ; l'arrière-garde de la cavalerie piémontaise s'était retirée à notre approche. Mais les gens du pays, ramenés par mes coureurs, me rendirent compte que de l'autre côté de Lorète, au pied de la colline, se trouvait une grosse troupe d'infanterie, soutenue par de l'artillerie, qui tenait les débouchés de la plaine du Musone et qui semblait vouloir occuper Lorète pendant la nuit.

Ces faits étaient exacts, sauf l'intention d'occuper Lorète, qui n'entrait pas dans le plan des Piémontais.

Devant attendre le lendemain le général Pimodan et trouver des vivres pour sa colonne et la mienne, je tenais beaucoup à occuper cette ville.

Quoique j'eusse promis deux heures de repos à l'infanterie qui faisait halte à Porto di Recanati, je la dirigeai immédiatement sur Lorète, où nous nous étab es pendant la nuit. Partis de Macerata à deux heures du matin, il était plus de minuit quand les troupes commencèrent à se reposer.

La nuit empêchait de voir les troupes piémontaises. Les habitants disaient que les ponts des rivières étaient coupés et qu'on avait fait en arrière des retranchements. Le capitaine Pallfy voulut s'assurer de ce qu'il y avait de vrai dans ce rapport, et s'engagea sur la route qui conduit à Camerano, avec quelques gendarmes et un volontaire à cheval, M. de Pas. Arrivés près du premier pont, à mille mètres environ des murs de Lorète, il reçut deux coups de canon à mitraille qui tuèrent son cheval et blessèrent mortellement M. de Pas et un gendarme.

Ce malheureux accident eut toutefois l'avantage de nous faire connaître la distance à laquelle se trouvait l'ennemi.

C'est pendant cette longue marche que je reçus par Macerata les dernières communications de Votre Excellence, auxquelles se trouvaient jointes des lettres d'Ancône. Ces communications étaient très-importantes.

Le général de Courten m'informait qu'ayant appris dans sa marche sur Fossombronne l'invasion des Piémontais, il s'était retiré à Ancône le 13 sans combat.

Ce général, pour opérer contre les bandes, avait fait deux détachements, l'un aux ordres du colonel Kanzler, l'autre aux ordres du lieutenant-colonel de Vogelsang. Il avait prescrit à ces deux détachements de se réunir, et leur jonction s'était faite heureusement à Mondavio, le 12 au soir. Cette colonne était forte de 1,200 hommes d'infanterie et d'une section d'artillerie.

Le 13, le colonel Kanzler voulait se diriger sur Senigaglia pour gagner la route de la mer; mais ayant appris que cette ville était occupée par une division piémontaise, il resta sur les collines et alla passer la Misa, à deux lieues environ au-dessus de son embouchure.

La division piémontaise, informée de la présence de cette petite colonne, tenta de l'enlever. Sa cavalerie et son artillerie que suivait l'infanterie, la joignirent vers Sant-Angelo.

Le combat commença à une heure de l'après-midi et dura jusqu'à cinq heures du soir.

Plusieurs charges de cavalerie furent brillamment repoussées; notre artillerie, ainsi que le feu de notre infanterie, ayant fait beaucoup de mal aux lanciers piémontais, ils cessèrent la poursuite à Monte-Marsciano. Ce combat nous avait coûté 150 hommes tués, blessés ou pris, dont 4 officiers. Le colonel Kanzler arriva à Ancône au milieu de la nuit, après avoir fait une marche de 45 milles, et fut reçu aux acclamations de la garnison, heureuse de revoir ses camarades sur le sort desquels on avait eu des inquiétudes.

Votre Excellence me donnait connaissance d'une dépêche du duc de Gramont adressée au consul de France à Ancône; elle était ainsi conçue :

« L'Empereur a écrit de Marseille au roi de Sardaigne que si

« les troupes piémontaises pénètrent sur le territoire pontifical,
« il sera forcé de s'y opposer. Des ordres sont déjà donnés pour
« embarquer des troupes à Toulon, et ces renforts vont arriver
« incessamment. Le gouvernement de l'Empereur ne tolèrera
« pas la coupable agression du gouvernement sarde. Comme
« vice-consul de France, vous devez régler votre conduite en
« conséquence.

« Signé : GRAMONT. »

Une personne très-suffisamment autorisée m'écrivait de
Trieste, en date du 11 :

« Les navires autrichiens vont croiser au midi d'Ancône pour
« en empêcher le blocus ; l'escadre est considérable et très-bien
« commandée. »

Ces renseignements furent immédiatement donnés aux troupes
qui les reçurent avec joie.

Enfin, pour suivre l'ordre chronologique, je place ici trois
faits dont je n'ai connu les détails qu'à mon retour à Rome, parce
que les courriers porteurs des dépêches qui les concernaient
avaient été interceptés. Je veux parler de l'occupation d'Orvieto
par les troupes du colonel Masi, de la prise de la citadelle de
Pérouse et de celle de la Rocca de Spolète, qui avaient eu lieu
es 11, 14 et 17 septembre.

Quelques mots sur chacun de ces faits sont nécessaires.

C'était le 8, dans la matinée, que la bande aux ordres du colo-
el Masi avait franchi notre frontière à Citta della Pieve ; et, après
avoir proclamé le gouvernement du roi de Piémont, elle s'était
irigée sur Orvieto, forte de 800 à 1,000 hommes.

Cette ville, située sur un pain de sucre élevé au milieu de la
rge vallée de la Paglia, est entourée d'un escarpement de ro-
hers à pic sur lesquels on a bâti ses murs ; et, si de nombreux
ouvents et quelques palais n'avaient envahi le chemin de ronde,
ue poignée d'hommes y pourraient tenir contre une armée. Elle
ait occupée par une compagnie de bersaglieri de 110 hommes
us les ordres du capitaine du Nord, et 28 gendarmes.

Le délégat, qui se défiait peut-être un peu trop de la popula-
n de la ville, avait négligé d'y organiser des auxiliaires. Nulle
rt, cependant, ils n'étaient plus nécessaires ; car ce point

2

commande la route la plus courte de Toscane au royaume de Naples par Amelia, Terni et Rieti ; c'était pour surveiller cette route que le général de Pimodan avait dû étendre ses cantonnements jusqu'à Narni. Le capitaine du Nord, pressé par la municipalité qui craignait un combat dans la ville et aux environs, et rebuté par la difficulté de surveiller l'enceinte sur plusieurs points de laquelle l'ennemi pouvait tenter une escalade, au moyen des intelligences qu'il avait dans la ville, crut, devoir capituler le 11, n'ayant encore qu'un blessé.

Il sortit avec armes et bagages par une porte avec toute la délégation, pendant que l'ennemi entrait par l'autre, et marcha dans la direction de Viterbe.

Le même jour, arrivé à Osteria Nuova, à deux lieues d'Orvieto, le capitaine du Nord rencontra une petite colonne venant de Viterbe, commandée par le capitaine Petrelli qui arrivait trop tard à son secours.

Ces deux troupes reprirent ensemble le chemin de Viterbe. Le capitaine Petrelli, qui avait pris le commandement, laissa le capitaine du Nord à Montefiascone, en augmentant ses forces d'une quarantaine de gendarmes et de quelques sédentaires.

Cette disposition avait plusieurs inconvénients. D'abord Montefiascone, situé à 4 lieues de Viterbe, en est beaucoup trop loin pour y placer un poste de 150 hommes dans les circonstances où l'on se trouvait. De plus, l'inspection seule des lieux suffisait pour prouver que si on n'avait pu défendre Orvieto, on pouvait encore moins tenir à Montefiascone. Aussi le capitaine du Nord, qui fut attaqué le 18, fut-il obligé d'évacuer cette ville à la nuit tombante, avec une perte de 69 hommes et 2 officiers ; ses communications étant coupées avec Viterbe, il dut se retirer sur Toscanella pour gagner Civita-Vecchia.

Arrivé le 12 à Citta della Pieve, le général Schmid n'y trouva plus le colonel Masi. On disait qu'une partie de sa troupe était allée vers Orvieto et l'autre vers Corneto, pour couper le chemin de fer de Civitta-Vecchia. Pendant qu'il laissait reposer son monde, le général apprit d'une part qu'Orvieto avait capitulé la veille, et de l'autre qu'un corps de troupes piémontaises, d'environ 6,000 hommes, avait occupé Citta di Castello et menaçait Pérouse.

Il se mit en route pour cette dernière ville, où il arriva le 14, à l'aube du jour.

La citadelle de Pérouse, mise en bon état de défense et occupée par 400 hommes de bonne troupe, devait opposer une résistance très-supérieure à celle de Pesaro. Elle renfermait des vivres et des munitions de toute nature. Le général Schmid, revenant dans la place avec deux bataillons formant environ 1,000 hommes, pouvait occuper les maisons qui avoisinent la citadelle, et la résistance semblait devoir se prolonger.

Entré dans la ville, le général Schmid prit quelques dispositions, fit occuper les portes, et le feu commença. C'était la brigade piémontaise du général Sonnaz qui attaquait Après trois heures de combat, la lutte semblait tourner à notre avantage, lorsque les Piémontais arborèrent un drapeau blanc. Un capitaine d'état-major s'avança pour sommer le général Schmid de se rendre, disant que toute résistance était inutile, puisque le général Fanti, avec toutes ses forces, allait arriver dans la journée.

Le général Schmid convint avec le général de Sonnaz qu'il accorderait une suspension d'armes de 5 heures pour attendre le général Fanti, avec lequel il arrêterait les conditions de la capitulation. Pendant ce temps, les Piémontais devaient remettre aux troupes pontificales la garde des portes de la ville, condition qui ne fut point exécutée.

Le général Fanti arrivé, le colonel Lazzarini et le lieutenant-colonel de Courten établirent les bases de la capitulation qui fut ratifiée par le général Schmid. Ainsi la citadelle de Pérouse et les deux bataillons qui venaient de rentrer dans la place avaient capitulé après trois heures de combat et cinq heures de suspension d'armes. Le général Schmid, dans un rapport particulier qu'il m'a adressé, attribue en partie ce résultat à l'esprit d'indiscipline qui se manifesta, pendant l'action, dans le 1er bataillon du 2e étranger. Une compagnie irlandaise et la majeure partie du bataillon du 2e de ligne se montrèrent seuls décidés à faire leur devoir.

Enfin, le 17, une des colonnes qui avaient débouché sur l'Ombrie, commandée par le général Brignone, attaquait La Rocca de Spolète. Je n'avais pu disposer pour ce réduit que de deux vieilles pièces en fer avec de mauvais affûts. L'ennemi était très-nombreux et avait beaucoup d'artillerie. Le major O'Reïlly se défendit vaillamment avec ses Irlandais et repoussa un assaut dans lequel l'ennemi fit des pertes importantes. Vers le soir, les tirailleurs piémontais se rapprochèrent, et tout annonçait pour la nuit un second assaut avec des forces considérables ; une de nos deux pièces était hors d'état de faire feu, et l'affût de la 2ᵉ était fort endommagé. Après 12 heures de combat, le major O'Reïlly demanda à capituler. La fatigue de ses hommes était extrême, et il avait reconnu qu'il ne pouvait compter sur sa réserve composée de recrues et de détachements de divers corps. Il estime que l'ennemi a perdu dans cette journée 100 hommes tués et près de 300 hommes blessés. Pour lui, il n'a eu que 3 morts et 6 blessés.

TROISIÈME PARTIE.

Le terrain en avant de Lorète. — Positions de l'ennemi. — Arrivée de la brigade Pimodan. — Combat de Castelfidardo. — Marche sur Ancône. — Premières opérations de la flotte contre cette ville.

C'était, comme on l'a vu, dans la nuit du 16 au 17 que j'avais occupé Lorète et constaté la présence de l'ennemi tout près de la ville. Dès le lever du jour, nos positions de la nuit furent rectifiées, et je reconnus celles de l'ennemi dont les avant-postes n'étaient qu'à 1,800 mètres de nous. J'avais à peine 2,000 hommes d'infanterie ; il fallait attendre le général de Pimodan, qui m'en amenait 2,600. Plusieurs difficultés sur lesquelles je n'avais pas compté vinrent m'assaillir : il me fallait du pain pour ma colonne et aussi pour celle du général de Pimodan, qui ne devait pas faire séjour à Lorète.

Or, la farine manquait en ville pour nous fournir les deux jours de pain dont nous avions besoin. Je crus d'abord que l'on me trompait ; mais je reconnus plus tard que le fait n'était que trop vrai.

Le gouvernement pontifical ayant jusqu'ici maintenu le droit de mouture dans ces provinces, les moulins y sont rares, et par suite très-éloignés les uns des autres ; et presque toute la population pauvre ne consomme que du blé de Turquie, qui n'est pas sujet au droit. L'impôt à acquitter et les charriages onéreux empêchent les boulangers de faire des approvisionnements de farine importants. L'ennemi, avec sa cavalerie nombreuse, ayant occupé une partie des moulins du voisinage, la farine était immédiatement devenue très-rare dans la ville. De plus, les habitants, quoique bien disposés pour nous, voyant l'infériorité de nos forces, demandaient à être payés comptant, et nous avons déjà dit comment la caisse de service ayant été emportée à Ancône, nous nous trouvions presque sans argent. Je fais grâce à Votre Excellence des difficultés de toutes sortes qu'il fallut vaincre pour en arriver à un résultat incomplet. Mais revenons aux positions occupées par l'ennemi.

Au nord de la colline, sur laquelle s'élève la ville de Lorète, coule le petit fleuve appelé le Musone, qui va se jeter dans la mer à une lieue et demie environ au-dessous de la ville. La vallée de ce fleuve présente une largeur qui varie de deux à trois mille mètres ; elle est plantée d'arbres et coupée de fossés d'irrigation.

Une lieue environ au-dessous de Lorète et à 2000 mètres environ de son embouchure, le Musone reçoit par la rive gauche un gros affluent nommé l'Aspio. Dans l'angle que forment ces deux rivières avant de se réunir, s'étend la chaîne de collines sur laquelle est placé Castelfidardo, et, à deux lieues plus loin, le mamelon sur lequel est bâti Osimo.

A l'est de l'Aspio et sur sa rive gauche, s'élèvent graduellement les collines qui se rattachent au mont d'Ancône et qui séparent ce gros ruisseau de la mer. La vallée de l'Aspio est moins large que celle du Musone ; mais, près du confluent des deux rivières, les deux plaines se réunissent et ont alors l'étendue de près d'une lieue en tous sens.

Dans cette partie, le terrain est généralement humide, les arbres disparaissent et la terre est tout à fait découverte.

Pour aller de Lorète à Ancône, on descend dans la vallée du Musone, on traverse cette rivière sur un pont en bois à environ 1,500 mètres de la ville ; 500 mètres plus loin, on traverse un affluent du Musone (rive gauche) appelé Vallato. Cet affluent, que l'on passe sur un pont près de son embouchure dans le Musone, présente un obstacle très-sérieux. Ses berges sont escarpées ; le lit est rempli d'eau et d'une fange profonde qui le rendent très-difficile à passer pour l'infanterie, et impraticable à la cavalerie et aux chariots.

C'était entre ces deux ponts que l'ennemi avait coupé la route et établi les deux pièces qui, la veille au soir, avaient fait feu sur nos éclaireurs. A très-peu de distance de ce dernier pont, la chaussée se bifurque, et l'on a devant soi deux routes à peu près également bonnes qui conduisent à Ancône.

La première, celle que suit la poste, dite d'Osimo, remonte la vallée du Musone, laisse à droite Castelfidardo et s'élève en pente douce sur les collines. La seconde, dite de Camerano, monte les premières pentes du mamelon, au sommet duquel est Castelfidardo, laisse ce village à 2,000 mètres sur la gauche, traverse le hameau des Crocette, descend dans la vallée de l'Aspio qu'elle passe sur un pont en pierres, gravit la haute colline de Camerano qu'elle traverse, et continue directement sur Ancône.

Le petit affluent du Musone, sur lequel l'ennemi avait placé les grandes gardes avec deux pièces de canon, était fortement occupé par ses tirailleurs. En arrière, à un kilomètre, 8 pièces de canon appuyées de deux régiments de cavalerie soutenaient cette avant-garde. Les pentes de la colline de Castelfidardo étaient occupées par de l'infanterie masquée par les arbres et les chemins creux ; le village même était garni de troupes, dont on ne pouvait bien juger le nombre ; mais l'armée piémontaise ayant jusque-là manœuvré par divisions réunies, je jugeais qu'il devait y avoir là une division. Les rapports des habitants étaient aussi conformes à cette opinion.

Dans l'après-midi, une colonne d'infanterie de 3 bataillons descendit de Castelfidardo. Il y eut une sorte d'alerte sur toute la ligne, qui nous fit croire à une attaque, et les gens du pays vinrent nous dire qu'une division ennemie, signalée la veille à Osimo, descendait dans la plaine du Musone et marchait sur Recanati pour nous attaquer par la route qui de cette ville se dirige sur Lorète. La cavalerie avait quitté sa position du matin et marché de ce côté.

J'aperçus bientôt en effet dans la vallée, environ à une lieue et demie au-dessus de nous, une très-forte ligne de bataille en arrière du pont de la route d'Osimo à Recanati, et presque en même temps je découvris la tête de colonne du général Pimodan, à 3 lieues en arrière de nous, sur la route que nous avions suivie la veille. Le mouvement que j'avais remarqué dans l'ennemi ne continuait pas.

D'après les renseignements, une force considérable d'artillerie et d'infanterie occupait Camerano ; comme presque tous les villages entre Castelfidardo, Osimo et Camerano avaient reçu des troupes, je jugeai que je devais avoir devant moi 3 divisions d'infanterie.

Le général de Pimodan arriva peu avant la nuit ; je profitai du reste du jour pour lui indiquer les positions de l'ennemi, lui donner les ordres pour les distributions dont nous étions obligés de nous occuper nous-mêmes, faute d'une organisation suffisante du service de l'intendance, et je lui fis part des dispositions que j'avais arrêtées pour le lendemain ; car il fallait attaquer sans compter ce que nous avions devant nous.

Une lettre du colonel de Gaddy, commandant supérieur d'Ancône, apportée par un habitant du pays, m'annonçait qu'une flotte composée de onze bâtiments de guerre était passée dans la matinée devant Ancône pour aller mouiller en face de Senigaglia ; il ajoutait que les partisans des Piémontais, dont toutes les nouvelles s'étaient vérifiées jusque-là, annonçaient que le bombardement d'Ancône commencerait le lendemain. Ce bruit n'était que trop fondé.

Pour aller à Ancône, essayer de passer par la route d'Osimo, ou par celle de Camerano, était également impossible ; car il fallait avant tout franchir les deux ponts du Musone et du Vallato, opération qui m'aurait coûté beaucoup de monde ; si je choisissais celle d'Osimo, je me rapprochais du centre de l'ennemi qui enveloppait Ancône depuis l'embouchure de l'Esino jusqu'au près de celle du Musone ; et si j'eusse battu l'ennemi en rase campagne, ce qui était peu probable, la ville d'Osimo, entourée de murs et située sur un mamelon fort élevé, aurait opposé à ma petite troupe une résistance qu'elle n'aurait pas pu vaincre.

Si je prenais celle de Camerano, je devais, comme pour arriver à Osimo, enlever les deux ponts dont on vient de parler, chasser l'ennemi de Castelfidardo pour gagner les Crocette, opération fort difficile, traverser deux fois l'Aspio dont les ponts pouvaient être coupés et seraient sûrement défendus, enfin m'emparer de Camerano, ville entourée de murs et situé sur un mamelon escarpé.

Dans un cas comme dans l'autre, pendant que j'attaquerais des positions fortifiées par la nature et défendues par des troupes de toutes armes, d'un effectif très-supérieur à celui dont je disposais, j'avais à craindre d'être tourné par une grosse troupe que l'ennemi pouvait aisément détacher, et me trouver réduit à capituler en rase campagne.

Il me parut donc que la seule chance qui me restait pour rejoindre Ancône était de me diriger sur cette ville par la route dite du mont d'Ancône.

Cette route s'embranche sur celle de Lorète à Porto di Recamati, se dirige sur un gué du Musone, situé un peu au-dessous du confluent de l'Aspio, va gagner Umana, passe à Sirolo, Massignano, Poggio, laisse Camerano à 3,000 mètres environ sur la gauche, et de là conduit à Ancône par le littoral.

De Lorète jusqu'auprès du gué du Musone, la route est bonne et empierrée. A partir du gué jusqu'à Umana, il existe une lacune d'environ 3,000 mètres, et l'on est obligé de suivre des chemins ruraux qui ne sont pas praticables en toute saison ; puis on retombe sur une voie qui des Crocette mène à Umana, point à partir duquel la route est empierrée jusqu'à Ancône sur une longueur de quatre lieues et demie.

L'ennemi n'occupait point cette route. Quelques éclaireurs seulement avaient été vus dans la journée vers Umana par les habitants du pays et par des officiers placés en observation avec des longues vues ; mais ces faibles détachements s'étaient retirés à la nuit tombante.

En suivant cette direction, j'attaquais l'extrémité de l'aile gauche ennemie ; je m'appuyais ou à la mer ou aux terrains impraticables de la montagne ; et si quelques difficultés de la route m'obligeaient à abandonner une partie de mes bagages, c'était pour moi un minime inconvénient dans la situation où je me trouvais.

Je résolus donc de m'y engager, et j'arrêtai mon plan pour le combat et pour la marche.

Ainsi qu'on l'a vu plus haut, l'ennemi occupait fortement dès le 17 les collines qui descendent du mamelon de Castelfidardo vers la plaine et s'étendent jusqu'à 4 ou 500 mètres du Musone. Le 18 au matin, ces forces me parurent encore renforcées sur ce point. Un fort détachement était placé dans une ferme située à mi-côte, et une force que j'estimais à deux bataillons au moins, tenait une deuxième ferme située à 5 ou 600 mètres en arrière, sur le haut d'un mamelon qui forme le couronnement de cette première position ; un bois situé près de cette ferme était aussi occupé, et une nombreuse artillerie battait les pentes de tous côtés. Vis-à-vis de la première ferme, se trouve un gué du Musone, praticable pour l'artillerie, auquel conduisait une route en bon état d'entretien et de l'autre côté duquel est un bon chemin rural qui va rejoindre la route des Crocette à Umana.

Les berges de la rivière, quoiqu'élevées, ont des rampes assez faciles ; le fond du gué est de gravier et la hauteur de l'eau ne dépassait pas 3 ou 4 pouces. L'ennemi étant muni d'artillerie rayée dont nous manquions, et cette position avancée qu'il occupait n'étant qu'à 2,200 mètres environ du gué placé au confluent de l'Aspio et du Musone par lequel devait passer mon convoi, je devais nécessairement enlever les deux fermes dont il s'agit et m'y maintenir le plus longtemps que je pourrais.

Le général de Pimodan reçut donc l'ordre de se diriger sur ces positions, de franchir la rivière, d'enlever la première ferme, d'y faire monter de l'artillerie pour battre la deuxième et le bois qui l'avoisine, après quoi il les ferait attaquer.

Il disposait pour cette opération des 4 bataillons et demi de sa brigade, de 8 pièces de 6 et de 4 obusiers aux ordres du colonel Blumensthil ; les 100 Irlandais amenés de Spolète, avaient été mis à la disposition de l'artillerie pour l'aider à franchir le gué, gravir les pentes des collines et lui servir au besoin de protection. Enfin cette colonne était renforcée de 250 chevaux formés des chevau-légers, de 2 escadrons de dragons et des volontaires à cheval, le tout aux ordres du major Odescalchi. Cette cavalerie qui en partant marchait derrière la colonne, devait se porter sur son flanc droit, où le terrain était plus découvert. Je gardais en réserve les 4 bataillons formant le reste de nos forces et une partie de l'escadron de gendarmes à cheval, dont l'autre partie marchait avec nos réserves d'artillerie et les bagages.

Cette colonne sortait de Lorète par une route débouchant dans celle qu'avait suivie le général de Pimodan ; elle devait ensuite prendre plus à droite vers le gué du confluent de l'Aspio pour servir à la fois de seconde ligne et d'escorte au convoi qui, conduit par M. de Térouane, volontaire à cheval, devait être dirigé directement sur le gué dont je viens de parler, en prenant un chemin rural plus éloigné de l'ennemi.

La première colonne se mit en marche à huit heures et demie, et la seconde à neuf heures. L'ennemi n'occupait point la rive droite du Musone ; quelques bersaglieri embusqués dans un petit bois et dans un champ de roseaux près du gué firent feu sur les tirailleurs des carabiniers suisses qui formaient la tête de colonne ; ceux-ci passèrent rapidement la rivière et se reformèrent derrière une digue qui borde la rive gauche.

Pendant que nos premières pièces d'artillerie traversaient la rivière, le 1ᵉʳ bataillon de chasseurs et les tirailleurs franco-belges suivirent les carabiniers ; ces trois bataillons se formèrent en trois petites colonnes derrière la digue, sous les ordres du brave colonel Corbucci.

Dès que les premières pièces eurent franchi le gué, le général de Pimodan donna ordre aux carabiniers de s'emparer de la première ferme, et au 1ᵉʳ chasseurs ainsi qu'aux tirailleurs, de les appuyer.

Dans cette attaque, le commandant du 1ᵉʳ chasseurs ayant montré la plus déplorable faiblesse, le général de Pimodan fut obligé de donner le commandement de ce bataillon à l'adjudant-major Azzanesi, qui déploya pendant toute l'affaire autant d'intelligence que de bravoure.

Pendant que les voitures d'artillerie s'engageaient dans le gué, les deux derniers bataillons de la colonne du 2ᵉ chasseurs et du 2ᵉ bersaglieri s'étaient massés dans les jardins derrière un champ de roseaux. Quelques balles de l'ennemi arrivèrent sur le 2ᵉ chasseurs, et le major eut la malheureuse idée de déployer une compagnie en tirailleurs dans les roseaux ; cette compagnie se mit à tirer devant elle dans la direction d'où venaient les balles, et les siennes allèrent tomber naturellement dans nos bataillons d'attaque. Le général de Pimodan fut obligé d'envoyer ses officiers pour faire cesser ce feu, qui nous avait blessé un homme.

Des faits pareils arrivent bien souvent, même avec des troupes plus habituées au feu que n'étaient les nôtres ; il est donc fâcheux d'avoir vu cet accident donner lieu à des accusations aussi fausses que regrettables et qu'on a livrées à la publicité sans examen.

La première ferme, quoique chaudement défendue, fut enlevée ; on y fit une centaine de prisonniers, parmi lesquels un officier ; deux pièces furent bientôt amenées au bas de la pente pour protéger contre un retour offensif probable la position que nous avions conquise ; et deux obusiers, aux ordres du lieutenant Daudier, furent conduits sous un feu des plus vifs jusqu'en avant de la maison avec le secours des Irlandais.

Ces braves soldats, après avoir accompli la mission qu'ils avaient reçue, se réunirent aux tirailleurs, et, pendant le reste du combat, se distinguèrent au milieu d'eux.

Les quatre autres pièces de la batterie Richter arrivèrent peu après à hauteur de la position que nous avions prise. Cette artillerie fut très-habilement conduite par le colonel Blumensthil, et fit beaucoup de mal à l'ennemi. Le capitaine Richter, quoique ayant une cuisse traversée par une balle, restait au milieu du feu ; le lieutenant Daudier, placé à découvert avec ses obusiers, suppléait par son courage et sa profonde connaissance du métier à l'infériorité de notre artillerie par rapport à celle de l'ennemi.

Les deux derniers bataillons du général de Pimodan avaient passé la rivière et avaient été laissés en réserve à 1,500 mètres en arrière, derrière un rideau d'arbres.

Le moment était venu d'attaquer la seconde ferme.

Le général de Pimodan forme une petite colonne sous les ordres du commandant de Becdelièvre, composée des franco-belges, d'un détachement de carabiniers et du 1er de chasseurs.

Cette colonne débouche résolûment, malgré un feu des plus vifs de mousqueterie qui partait de la ferme et du bois. Elle devait ainsi parcourir 500 mètres à découvert ; mais, arrivée environ à 150 pas du sommet de la colline, elle fut reçue par un feu de deux rangs d'une forte ligne de bataille, qui lui mit une telle quantité d'hommes hors de combat, qu'elle dut se retirer.

L'ennemi la poursuivit ; mais au moment où il allait joindre les nôtres, ils firent volte-face, l'attendirent à quinze pas, le reçurent avec un feu bien dirigé et coururent sur lui à la baïonnette. Étonné de tant d'audace et d'aplomb, et quoique bien supérieur en nombre, l'ennemi recula d'environ deux cents pas, ce qui permit à nos soldats de regagner la position de laquelle ils étaient partis. Le feu de notre artillerie, bien nourri et bien dirigé, protégeait ces mouvements.

De la position où j'étais resté, un peu en arrière, j'avais pu juger les phases de ce combat, et j'apprenais en même temps que le général de Pimodan venait d'être blessé au visage. J'ordonnai aux deux bataillons du 1er étranger, aux ordres du colonel Allet, de franchir la rivière et de s'avancer jusqu'à la hauteur des réserves de la 1re colonne. Le 2e bataillon du 2e étranger et le bataillon du 2e de ligne reçurent ordre de se former en échelons en arrière, sous les ordres du colonel Cropt. Puis je me rendis à la ferme pour juger l'état des choses.

Quoique blessé, le général de Pimodan conservait son commandement. L'ennemi avait perdu beaucoup de monde ; mais nos pertes étaient considérables, et relativement elles étaient plus sensibles que les siennes. Je reconnus que les deux bataillons et demi que le général avait avec lui n'étaient pas suffisants pour enlever seuls la seconde position. J'envoyai chercher les deux bataillons de réserve par le capitaine Lorgeril ; je les fis remplacer par les deux bataillons du 1er étranger que je déployai pour donner moins de prise au canon, quoiqu'ils en fussent à environ 1,500 mètres. Enfin j'envoyai par le capitaine Pallfy l'ordre à la cavalerie de passer la rivière et de suivre sur notre flanc droit la marche de nos colonnes.

Pendant que je prenais ces dispositions, l'ennemi essaya de déborder la ferme des deux côtés malgré le feu de notre artillerie, et ses tirailleurs commençaient à prendre en flanc nos réserves massées derrière les bâtiments. Le major Becdelièvre réunissant ce qui lui restait de son demi-bataillon et quelques détachements des deux autres, s'élança sur ces tirailleurs et les força de se replier dans le bois d'où ils étaient sortis.

Les mouvements prescrits à l'infanterie s'exécutèrent régulièrement ; mais à peine le 1er étranger fut-il déployé, que je m'apperçus de l'ébranlement que produisaient dans ses rangs le bruit des obus et les blessures de deux ou trois hommes atteints par ces projectiles.

Beaucoup d'officiers de ce régiment, je dois le dire, participaient à cette émotion plus encore peut-être que leurs soldats. En vain je cherchai à les rassurer ; le brave colonel Alet, qui se promenait à cheval derrière la ligne de bataille, ne fut pas plus heureux que moi ; de sorte qu'au bout de quelques moments, les deux bataillons, sans avoir entendu siffler une balle ni tiré un coup de fusil, firent demi-tour, prirent la fuite et se débandèrent. Mon second échelon de réserve, qui n'avait pas un seul blessé, suivit ce triste exemple. Au moment où j'étais témoin de cette panique, le 2ᵉ bersaglieri pontificaux et le 2ᵉ bataillon de chasseurs rejoignaient en colonne la première ferme où était resté le général de Pimodan. Le 2ᵉ de chasseurs, voyant les Suisses disparus, prit la fuite et redescendit au pas de course la pente qu'il venait de gravir.

Je dois dire, à l'éloge du 2ᵉ bataillon de bersaglieri pontificaux, commandé par le brave major Fuchman, qu'au milieu de cet immense désordre, il est resté ferme à son poste, et qu'il défendit, avec la plus grande fermeté, la position qui lui fut assignée.

Notre artillerie, dont six pièces seulement étaient en batterie, restait engagée sur la chaussée dont elle débouchait péniblement à cause des douves qui la bordaient.

La panique se communiqua à une partie des canonniers ; les uns voulaient faire demi-tour avec leurs pièces et fuir, ce qui était impossible à cause du peu de largeur de la chaussée ; d'autres coupèrent les traits de leurs chevaux et se sauvèrent à travers champs.

J'essayai vainement de rallier quelque portion de l'infanterie étrangère derrière les digues et autour des maisons où l'on pouvait tenir à l'abri de l'artillerie ; tout fut inutile. Le colonel Cropt et le colonel Alet qui se tenaient à cheval au milieu des fuyards, n'avaient pas la moindre action sur eux, et les officiers mêmes semblaient frappés de stupeur.

Je prescrivis alors aux deux colonels d'engager les fuyards derrière les berges et les digues du Musone, où ils se trouvaient abrités des coups de l'ennemi, et de les emmener ainsi jusqu'au confluent de l'Aspio, de leur faire passer le gué et de les diriger sur la route d'Umana ; puis je revins vers la maison où le combat continuait de plus en plus vivement. J'étais sur le point d'y arriver, lorsque je trouvai le brave général de Pimodan mortellement frappé et qu'on transportait vers l'ambulance établie près de la rivière. J'échangeai avec lui quelques tristes paroles d'adieu. Ce dernier malheur, bien plus grand que les autres, aggravait encore notre situation déjà fort compromise.

J'ordonnai alors au colonel de Gudenhoven de se rendre à la maison et d'ordonner aux troupes qui s'y trouvaient de battre en retraite vers la rivière, lorsqu'elles ne pourraient plus tenir ; mais de faire les derniers efforts, pour sauver leur artillerie. Puis je revins vers la rivière pour voir si les fuyards avaient suivi la direction que j'avais indiquée, et faire prendre position à notre cavalerie pour protéger notre infanterie débandée.

J'aperçus immédiatement dans la plaine l'escadron de chevau-légers aux ordres du capitaine Zichy, officier de cavalerie fort expérimenté, qui avait déjà pris de lui-même la position la plus convenable pour le but que je me proposais, et qui, s'étant éloigné de quelques centaines de mètres de l'ennemi, n'avait à peu près rien à craindre de son feu. Malheureusement le reste de la cavalerie ne l'avait pas suivi. Les volontaires à cheval qui formaient le second escadron avaient passé la rivière ; mais s'étant formés de l'autre côté du gué, ils avaient perdu de vue les chevau-légers, ne les avaient point suivis et s'étaient placés dans une vigne, derrière un pli de terrain. Les dragons qui formaient le 3e escadron étaient restés un peu en arrière des volontaires à cheval. Le major Odescalchi, qui aurait dû régulariser ce mouvement, était fort occupé à rallier son premier escadron de dragons qui, au premier coup de canon, avait fui, son capitaine en tête, et ébranlé fortement la fermeté du second, maintenu cependant par son brave capitaine Bersolari. Le capitaine Eligi, avec son demi-escadron de gendarmes, avait été laissé à la garde des ambulances.

J'envoyai successivement M. de Robiano, M. de France et M. de Montmarin, volontaires à cheval de service auprès de moi ce jour-là, pour ordonner à la cavalerie de serrer sur l'escadron de chevau-légers ; e voyant qu'une grande partie de nos fuyards descendaient le long du Musone, mais sans le repasser, je renvoyai le capitaine de Lorgeril, le capitaine Lepri et le lieutenant de Maistre pour tâcher de les arrêter et de les grouper au moins par bataillons. Heureusement pour nous, l'ennemi, auquel la fumée du combat et quelques rideaux d'arbres ne permettaient pas de bien apercevoir nos lignes, n'avait point encore connaissance de l'immense désordre que je viens de décrire, et il laissait immobiles les grosses masses qui occupaient les positions en avant de nous. Mais son ignorance ne pouvait pas durer longtemps et notre position était fort critique.

J'étais toujours décidé à marcher sur Ancône avec tout ce que je pourrais rallier. Tout venait corroborer cette résolution. Il était clair que si je me retirais sur Lorète, il faudrait capituler le lendemain; car, d'une part, on y manquerait de vivres; de l'autre, il était évident que les hommes qui venaient de refuser de se battre ne seraient pas disposés à recevoir un assaut le lendemain, après la malheureuse affaire de la veille.

Enfin je savais que le bombardement d'Ancône devait commencer dans la journée; j'avais de fortes raisons de croire que si une partie de mes colonnes au moins n'arrivait dans la ville, la capitulation d'Ancône suivrait de bien près celle de Lorète.

Cependant les officiers que j'avais envoyés pour rallier nos fuyards avaient réussi à former une colonne de 350 à 400 hommes, qui, ayant traversé la rivière au-dessous du confluent de l'Aspio, s'engageait sur le chemin d'Umana.

Pour éclairer cette route, j'ordonnai au capitaine Zichy d'y porter ses chevau-légers, et pour cela de faire reconnaître un gué sur l'Aspio et des passages sur les fossés de dessèchement qui coupent la plaine entre les deux rivières. Cette reconnaissance fut faite promptement, et bientôt les chevau-légers marchaient vers Umana en avant de notre infanterie.

Voulant faire suivre la même direction à la cavalerie, et pour éviter toute erreur, je laissai un de mes officiers pour indiquer la route qu'elle devait suivre. Elle n'arrivait point, et des trois volontaires à cheval que j'avais envoyés pour la chercher, deux revinrent me dire qu'ils ne l'avaient point trouvée; le troisième ne put revenir.

Le mouvement en arrière des dragons d'une part, et de l'autre, un changement de position qu'avaient fait les volontaires à cheval pour ne pas rester inutilement exposés aux obus de l'ennemi, mais sans prendre la précaution de s'éclairer par des vedettes qui pussent les faire découvrir, avaient été la cause de ce déplorable contre-temps.

Je restais avec 45 chevaux seulement ; car par une nouvelle fatalité, l'officier qui commandait le 4e peloton de chevau-légers ayant fait une chute en traversant un canal, avait retardé la marche de son peloton et s'était replié vers la rivière.

Je me rendis alors près de la colonne d'infanterie que j'avais réussi à engager sur la route d'Umana ; elle était commandée par les majors Dupasquier et Bell avec bon nombre d'officiers. A sa tête marchait le capitaine Delpèche avec le drapeau du 1er étranger, précédé de quelques tambours qui battaient la marche du régiment. Les vieux soldats qui étaient autour du drapeau avaient bonne attitude ; je leur adressai quelques paroles et conçus bon espoir de ce qu'ils feraient.

Le capitaine Zichy avait envoyé trois éclaireurs à Umana pour savoir s'il était vrai, comme le disaient les gens du pays, que cette ville n'était point occupée par l'ennemi. Ils nous apprirent que la route était libre.

Pendant que tout cela se passait, les bataillons de Pimodan, après avoir tenu quelque temps dans la ferme enlevée au commencement du combat, l'avaient évacuée et s'étaient repliés vers la rivière. Le bataillon Fuchman, chargé de l'arrière-garde, y avait déployé la plus grande fermeté. Sur 12 pièces qui avaient passé le gué, nous en avions perdu 3 avec leurs caissons, et l'on nous avait fait environ 150 prisonniers.

L'ennemi, satisfait de son succès et supposant, sans doute, dans les vignes et les jardins qui séparaient le Musone de Lorète, une réserve composée d'aussi bonnes troupes que celles qui l'avaient attaqué le matin, s'arrêta en arrière de la rivière et cessa la poursuite. Mais quoi qu'on eût pu faire, la masse de nos bataillons s'était repliée sur Lorète. L'artillerie qui s'était retirée la première avait pris la même direction, et à ce moment, il faut le dire, il était devenu très-difficile de transmettre et impossible de faire exécuter aucun ordre.

MM. de Lorgeril et de Maistre, voyant l'inutilité de leurs efforts, revenaient vers moi, et avaient la plus grande peine à me rejoindre. MM. de Robiano et de Terves n'y parvenaient pas. C'était donc avec mes officiers, 45 cavaliers et 350 hommes d'infanterie que j'allais tenter de rejoindre Ancône. Ce chiffre devait encore se réduire.

En continuant notre marche vers Umana, nous aperçûmes sur notre gauche une cinquantaine de tirailleurs piémontais qui s'avançaient vers la mer ; ils commencèrent bientôt le feu sur le flanc et sur la queue de notre petit corps d'infanterie ; celle-ci répondit par un feu de file, et ensuite près des trois quarts, y compris les deux officiers supérieurs, s'enfuirent vers le bord de la mer et mirent bas les armes.

Environ 80 hommes avec le capitaine Delpech, groupés autour de leur drapeau, continuèrent à marcher sur la route que je leur avais indiquée. Les bersaglieri piémontais se contentèrent d'emmener leurs prisonniers et cessèrent d'inquiéter le reste de notre petite colonne, qui poursuivit sa marche sur Ancône.

Nous traversâmes Umana et Sirolo. Chemin faisant, les gens que nous rencontrions nous disaient tous que la route était libre jusqu'à Ancône, mais que Camerano était très-fortement occupé. Or, à partir de Sirolo, la route incline à gauche, serpente sur le flanc du mont d'Ancône opposé à la mer, et pendant près de deux lieues reste en vue de Camerano, dont elle est séparée par un ravin profond. De Camerano, une bonne voie de communication va rejoindre cette route à Poggio en obliquant vers Ancône. Il était à croire que les troupes de Camerano nous apercevraient, et dès lors elles pourraient facilement venir nous barrer le passage. Ces considérations me décidèrent à la quitter et à prendre à droite un sentier à travers le maquis, qui, avec des pentes très-raides, conduit au couvent des Camaldules ; puis je laissai au point où j'avais quitté la route deux braves contadini, qui me jurèrent sur Notre-Dame de Lorète qu'ils restaient là pour indiquer à ceux qui me suivaient la route que j'avais prise, et ils tinrent leur promesse.

Les révérends pères du couvent nous reçurent fort bien, me confirmèrent que la route n'était point occupée ; après une halte d'un quart d'heure pour rallier notre petite colonne, nous

nous remîmes en route en suivant à travers le bois le chemin qui conduit au sommet sur lequel est placé le télégraphe. De là, nous descendîmes par un sentier un peu en avant de Poggio.

Ce fut pendant ce trajet, qui s'accomplit heureusement, que nous découvrîmes l'escadre qui bombardait Ancône et dont nous entendions le canon déjà depuis quelque temps. Nous n'étions plus qu'à deux lieues et demie de la place et qu'à 6,000 mètres de nos avant-postes.

A cinq heures et demie nous entrions en ville. Le bombardement durait encore ; il se prolongea jusqu'à la nuit qui ne fit pas complétement cesser le feu.

QUATRIÈME PARTIE.

Arrivée à Ancône. — État de la ville et de la garnison. — Bombardement. — Investissement par les colonnes piémontaises. — Premières opérations du siége. — Attaque formidable de la flotte. — Reddition de la ville.

Nous n'avons point parlé d'Ancône depuis que les colonnes commandées par le général de Courten et le colonel Kanzler y étaient rentrées le 13 et le 14 septembre. Nos communications avec cette place avaient été presque complétement interrompues à partir de ce moment ; en y arrivant, j'avais tout à apprendre sur ce qui s'était passé durant les cinq derniers jours.

Le 13, on connut dans cette ville la dépêche de Son Excellence l'ambassadeur de France à son consul d'Ancône. Cette dépêche, envoyée à découvert par le télégraphe, afin sans doute qu'elle fût publique, devait être communiquée au vice-consul de France à Pesaro ; mais les colonnes piémontaises occupaient déjà Sinigaglia. Le consul fut donc forcé d'adresser cette pièce importante au général Cialdini, en le priant d'en prendre connaissance et de la faire parvenir à sa destination. Le général se borna à donner un reçu de la pièce sans aucune espèce d'explication. Mais les chefs du comité révolutionnaire d'Ancône, qui avaient eu connaissance de la dépêche, en étaient fort préoccupés ; ils croyaient y voir, comme presque tout le monde, l'annonce d'une intervention armée de la France, annonce dont la seule menace semblait devoir suffire pour arrêter la coupable invasion du territoire pontifical. Que firent-ils en réalité? Je l'ignore. Mais le lendemain ils prétendirent avoir envoyé deux des leurs en députation près du général Cialdini, et ils répandirent dans la ville, ainsi que parmi nos troupes, qu'il leur avait été répondu que l'ambassadeur de France à Rome et son consul à Ancône n'étaient point initiés aux secrets de la politique, que le général Fanti et lui continueraient à marcher en avant.

Ce bruit avait suffi pour détruire le bon effet qu'avait produit pour nous la dépêche de l'ambassadeur de France. Il est en effet à remarquer que, dans les quinze derniers jours, les nouvelles du comité révolutionnaire s'étaient toujours vérifiées.

Le 16 au soir, M. le sous-intendant Ferri était arrivé de Porto di Recanati sur le *San-Paolo* avec le trésor. En débarquant, il apprit que la place manquait de farine depuis trois jours, et que la garnison était déjà au biscuit. Cette situation était le résultat de la négligence du service administratif (je devrais employer un mot plus sévère.) Les fournitures de farine et de pain avaient été données aux agents les plus connus de la révolution. On ne s'était point assuré qu'il y eût dans les magasins les approvisionnements de farine qui devaient s'y trouver, et ils avaient attendu que l'armée ennemie occupât en force les moulins de Fiumicino pour demander à l'autorité militaire d'envoyer les troupes chercher aux moulins précités les gros approvisionnements de farine qui devaient s'y trouver pour son compte ; l'autorité militaire refusa avec raison. L'expédition était fort dangereuse à cause de l'infériorité de nos forces, et de plus inutile ; car si les Piémontais avaient trouvé des farines au moulin, il était certain qu'ils en auraient disposé pour eux.

Le sous-intendant Ferri, jugeant la gravité de la situation, partit la nuit même sur le vapeur du Lloyd, qui était heureusement mouillé dans le port d'Ancône, et se dirigeait sur Trieste ; il entra dans cette ville le lendemain, et fut assez heureux pour pouvoir nou senvoyer par le bateau du Lloyd qui nous arrivait le mercredi 19, un gros approvisionnement de farines qui faisait disparaître notre embarras quant à la garnison.

Mais il s'agissait aussi pour un siége de pourvoir en partie au moins à l'approvisionnement de la population ; car il ne se trouve pas de moulins dans la ville d'Ancône.

Un marché avait été précédemment passé pour établir un moulin à vapeur destiné au service de l'armée. Ce moulin devait être achevé le 15, au plus tard ; on n'avait point exigé l'exécution du contrat, et le 18 le moulin ne tournait point encore. Il y avait là de la négligence et de la mauvaise volonté ; trente-six heures, en effet, suffirent pour mettre la machine en mouvement.

Ce n'était pas encore tout : on avait négligé l'approvisionnement de viande fraîche ; le petit troupeau que nous avions pouvait à peine suffire pour deux ou trois jours, et il fallait le réserver pour les hôpitaux, où nous avions près de 400 malades. Déjà l'on avait commencé à distribuer de la viande salée. Je chargeai le major de Quatrebarbes de pourvoir à l'approvisionnement de la viande, et il y réussit au delà de nos espérances. Les contadini des environs, qui avaient gagné beaucoup d'argent pendant les travaux, étaient reconnaissants, et trouvèrent moyen d'augmenter notre troupeau, malgré les gardes et les patrouilles de l'ennemi.

Le général de Courten, prévenu le 16 au soir, par le bateau *San-Paolo*, de notre arrivée à Lorète, ne s'étant pas rendu compte que j'étais forcé d'y attendre le général de Pimodan, avait cru que je me mettrais en marche le 17 pour gagner Ancône, et il avait fait une forte reconnaissance jusqu'à trois lieues sur la route de Camerano, et s'était assuré que ce point n'était pas encore occupé. Il était resté longtemps en position, et n'entendant rien qui pût indiquer un combat du côté de Lorète, il était rentré à Ancône. En y revenant, il avait vu l'escadre piémontaise qui allait mouiller à Senigaglia et dont on annonçait l'attaque pour le lendemain.

Le bombardement eut lieu comme on l'a vu, ce qui empêcha le général d'envoyer au devant de nous le 18, comme il l'avait fait la veille. Aucune colonne ne sortit donc d'Ancône ce jour-là, et c'est par erreur que le contraire a été annoncé. Il me paraît d'ailleurs certain que l'ennemi, connaissant la réunion de mes deux colonnes le 17, s'attendait à une attaque le 18, et que, pendant l'arrivée de l'escadre, on lui avait enjoint, bien que le siége n'eût pas été déclaré, de commencer à bombarder la ville ce jour-là, précisément pour empêcher la garnison d'essayer une jonction avec nous.

Le bombardement avait fait plus de mal à la ville même qu'aux défenses de la place ; beaucoup de toitures étaient enfoncées, deux enfants et une femme avaient été tués, un homme avait eu le bras emporté ; la garnison avait eu seulement cinq hommes hors de combat, tous gravement blessés. Notre artillerie avait vigoureusement répondu au feu de l'ennemi, et quelques bâtiments s'étant approchés de nos batteries, bon nombre de nos boulets avaient pu les atteindre.

Cette journée nous avait permis de juger de l'armement formidable des navires auxquels nous avions à faire. Quatre frégates de 60 et sept navires moins importants portaient ensemble au delà de 400 bouches à feu ; les canons étaient des pièces de 80 ou des pièces rayées portant des boulets de 65 kilogrammes ; les petits navires avaient des pièces rayées de 20 kilogrammes. L'effet que ces engins produisaient contre les maçonneries à des distances moyennes, et leur énorme portée, qui dépasse 3,000 mètres, m'inquiétèrent beaucoup, parce que, du côté de la mer, nous n'avions que des parapets en pierre et des remparts découverts jusqu'aux pieds ; de plus, nos batteries, qui défendaient le port, n'avaient que vingt-cinq pièces de canon et ne pouvaient en recevoir davantage, et ces pièces étaient de calibre et de portée fort inférieures à celles de l'ennemi. Il nous avait été impossible, en quelques mois, d'améliorer et d'augmenter la défense du côté de la rade. Il eût fallu pour cela faire des fondations à la mer derrière des enrochements, travaux qui demandent plusieurs campagnes ; ajoutons sans détour que nous n'avions pas prévu une attaque par mer avec des moyens aussi puissants que ceux qu'on employait contre nous.

Du côté de la terre, l'ennemi se tenait encore fort loin de la place. L'aile droite de sa ligne était à Camerano ; elle s'étendait en demi-cercle, aplati pour se fermer sur la mer près de Falconara, situé aussi environ à deux lieues et demie de nos murs. Sur ce demi-cercle quelques points naturellement choisis sur nos principaux débouchés étaient fortement occupés ; entre eux des patrouilles battaient la campagne. En somme, la place n'était point investie et nos marchés continuaient à être approvisionnés.

Outre nos forts, nous occupions encore, dans la direction de Cam erano, deux redoutes en terre élevées par les Autrichiens à l'époque de leur dernière occupation, et situées sur les mamelons dits de Monte-Pelago et Monte-Polito, à des distances de 2,000 et de 1,500 mètres de nos forts.

Dans la direction de Senigaglia et sur les pentes de Montagnolo, nous occupions encore, comme dehors, à 1,500 mètres de la citadelle, la redoute dite de Scrima, construite à la même époque et dans les mêmes conditions que les précédentes. Ces ouvrages n'avaient jamais été finis ; nous n'y avions fait aucuns travaux, et nous ne les avions point palissadés, parce que, eu égard à leur éloignement de la place et à l'effectif de nos troupes, nous ne pouvions songer à les occuper longtemps, en cas de siége.

Nos fortifications permanentes du côté de la campagne étaient plus solides que les défenses du côté de la mer. Les brèches des remparts avaient été relevées, les ouvrages extérieurs complétés et améliorés ; les terrassements des parapets étaient à peu près finis ; les chemins couverts seuls manquaient presque partout, et là où ils existaient, on n'avait pu s'occuper de leur organisation. Il en était à plus forte raison de même des glacis qui restaient couverts de vignes, de mûriers et même de maisons qu'on n'avait point eu le temps de raser.

Nous avions sur les remparts faisant face à la campagne, 110 pièces de siége, plus 14 pièces légères ; il nous en manquait encore 20 pour compléter ce que l'on nomme l'armement de sûreté ; par suite, nous n'avions rien en réserve. Nous étions donc bien loin d'atteindre le chiffre nécessaire pour soutenir un siége à la fois dirigé par terre et par mer.

Nos plus gros canons étaient de 36, et nous n'avions que 18 pièces de ce calibre. Il est inutile de dire que nous n'avions aucune pièce rayée. Nos approvisionnements en poudre et en boulets étaient suffisants, mais nos bouches à feu étaient d'origine fort diverses ; toutes les artilleries de l'Europe y étaient représentées, ce qui produisait une multiplicité de calibres qui rendait les approvisionnements très-difficiles ; aussi quelques erreurs s'étant produites, on ne manqua pas de crier à la trahison, comme cela arrive toujours en pareils cas. Enfin, quoique nous eussions beaucoup travaillé à réparer nos affûts, et que nous en eussions renouvelé quelques-uns, il en restait encore dont la solidité laissait à désirer.

La question des approvisionnements, qui s'était trouvée posée pour ainsi dire dès le lendemain de l'invasion, avait inquiété et mécontenté les troupes ; quelques désordres s'en étaient suivis à l'occasion des distributions. Tout cela avait cessé après des mesures énergiquement prises ; mais le mauvais effet moral persistait. De plus, le *comité révolutionnaire*, beaucoup mieux informé que nous de ce qui se passait au dehors, répandait chaque matin la nouvelle d'un nouveau succès des Piémontais. Un jour, c'était la prise d'Orviéto ; après, celle de Pérouse ; puis, celle de Spolète et de Viterbe et l'envahissement même du patrimoine de Saint-Pierre. L'esprit de la troupe était visiblement affecté et les corps d'officiers participaient à l'inquiétude générale.

On connaissait l'effectif des corps qui avaient passé nos frontières. Ils allaient tous se réunir sous nos murs, et nous aurions à faire à un ennemi dix fois supérieur en nombre.

On supputait la supériorité de calibre et de portée de l'artillerie ennemie, l'absence presque absolue dans nos rangs de carabines et de fusils rayés ; on concluait que nous devions évidemment succomber, puisque personne ne nous venait en aide ; qu'une plus longue résistance était non-seulement inutile, mais coupable, parce que c'était sacrifier de braves gens pour défendre une cause évidemment perdue ; qu'enfin on aurait de meilleures conditions de capitulation, si l'on se rendait, pouvant encore tenir quelques jours.

Je fis venir successivement chez moi des officiers choisis dans les divers corps pour les entretenir au sujet de ces rumeurs ; ils ne cherchèrent point à me dissimuler leurs appréhensions sur les dispositions de la troupe. Je leur rappelai que nous étions dans une place de guerre bien fermée, munie de tout ce qu'il fallait pour la défendre, et que l'honneur militaire ne nous permettait pas de nous rendre tant que nos défenses étaient intactes ; que contre les boulets rayés de l'ennemi on s'abriterait derrière les parapets ; que pour faire brèche à nos murs, il faudrait bien s'en approcher, et qu'alors nos canons reprendraient l'efficacité de leur action ; enfin que quand il y aurait des brèches dans l'enceinte, il serait toujours temps d'examiner si nous devions nous rendre, et que rien au monde ne me ferait amener mon drapeau devant des menaces de bombardement ou d'escalade.

Les cadres des bataillons que j'avais dans la place étaient fort incomplets ; le 4e bataillon bersaglieri, récemment formé, n'avait pas deux officiers par compagnie. Le 5e en formation était dans le même cas ; c'était un grave inconvénient pour la discipline et pour le service. J'usai donc alors de la latitude que Votre Excellence m'avait donnée de faire des promotions, si mes communications étaient coupées, et, tout en laissant des vacances, je fis un assez grand nombre de nominations.

L'état-major de l'artillerie était aussi très-insuffisant. Le capitaine Zichy, qui avait servi dans la marine et dans l'artillerie, avait été chargé depuis longtemps du commandement des batteries qui avaient vue sur la mer, ainsi que de l'organisation des canonnières et des pontons destinés à défendre la chaîne qui fermait le port. Cet officier, sur l'expérience et le dévouement duquel nous comptions beaucoup, avait été fait prisonnier lors de l'attaque inopinée de Pesaro, où il était allé porter par mer des approvisionnements.

Le colonel Blumensthil, qui devait diriger ce service, le plus important de tous pour la défense, était resté prisonnier à Lorète. Pour combler ces vides autant que je le pouvais, je nommai majors les deux capitaine Pifferi et Caimi, et je donnai à ce dernier les fonctions de chef d'état-major du service pendant le siége.

Enfin nous manquions absolument de sapeurs dont le concours est si nécessaire pour la défense avant et pendant le siége. Votre Excellence se rappelle par suite de quels fàcheux contre-temps cette organisation avait été retardée. Je formai à la hâte un détachement de travailleurs de bonne volonté, dont je donnai le commandement au capitaine Popiel, qui en tira tout le parti qu'on pouvait en attendre.

Le 19 au matin, un gros bateau pêcheur nous amena de Porto di Recanati le lieutenant d'artillerie Uhde avec les deux pièces de sa section et une quarantaine d'hommes. Après avoir vaillamment combattu auprès de la ferme où avait été tué le général de Pimodan, il s'était retiré vers la mer ; prévoyant le sort qui l'attendait le lendemain, il s'était embarqué avec ce qu'il lui restait de canonniers et quelques fantassins qui s'étaient groupés autour de lui.

Comme le public s'est beaucoup occupé de mes registres de correspondances et qu'on a prétendu les avoir pris, je me permets d'ajouter que c'est par cette voie qu'ils m'ont été rapportés. Ma voiture qui devait suivre le convoi se trouvait près du lieu où le lieutenant Uhde s'embarquait. Le brigadier de gendarmerie, qui était resté aux bagages de l'état-major, prit la caisse où se trouvait ma correspondance avec quelques effets et vint me rejoindre à Ancône où il se doutait que je m'étais dirigé.

Quelque temps après, nous voyions arriver M. de Terves, volontaire pontifical, qui n'avait pu me rejoindre la veille. Il avait pour compagnon un brave sapeur des carabiniers suisses, nommé Simon. Séparé par les bersaglieri piémontais de notre petite colonne qu'il avait vue prendre le chemin d'Ancône, ayant essayé de s'engager dans la campagne, il avait rencontré les postes ennemis, était revenu au bord de la mer et avait décidé un pêcheur à le conduire à Ancône.

Plusieurs navires de l'escadre vinrent encore canonner nos forts ; mais leur feu fut moins intense que la veille. Un ou deux navires continuèrent à tirer pendant la nuit.

Le 20, l'agent comptable de la colonne de Lorète m'était envoyé par le colonel Condenhove avec un sauf-conduit. Il m'apportait la copie de la capitulation signée la veille, et me demandait une somme d'argent que je lui fis remettre pour payer la solde arriérée des troupes.

Le bombardement de l'escadre continuait toujours sans plan bien arrêté. Cependant les navires avaient trouvé aux pieds des falaises, à la hauteur de Monte-Pelago, une position de laquelle, sans être inquiétés par les forts du Gardetto, à cause de la distance, ils pouvaient lancer sur notre redoute leurs gros projectiles de 65 kil.

L'élévation de notre redoute au-dessus de la mer dépassait 300 mètres ; les navires, en se plaçant à 3,000 mètres, étaient dans de bonnes conditions de tir. Aussi leur feu était-il bien dirigé, et, sans nous tuer beaucoup de monde, il inquiétait incessament nos deux redoutes, les projectiles qui manquaient la première, allant d'ordinaire tomber dans la seconde.

La ville aussi continuait à souffrir. Dans cette journée, notre attention dut se reporter du côté de la campagne ; les têtes des colonnes de troupes qui avaient combattu à Lorète venaient remplir les vides du cordon d'investissement dont nous avons parlé. Enfin d'autres masses qui venaient dans la direction d'Osimo s'avançaient dans le même but.

Leur importance nous fit croire que le corps d'armée qui avait débouché sur Pérouse ayant passé les Apennins, commençait d'arriver devant nous. Cette supposition était vraie ; car nous apprîmes le lendemain que le général Fanti qui dirigeait personnellement cette colonne était à Lorète.

L'escadre n'avait point cessé son feu depuis le 18. Le 22 au matin, elle nous envoya un canot avec le pavillon parlementaire. L'officier qui le montait était porteur d'une lettre de l'amiral Persano qui me notifiait le blocus du port et me priait de remettre au consul anglais un gros paquet de dépêches joint à sa lettre. Le feu de l'escadre un instant suspendu reprit plus vivement. Il nous occasionnait par jour une perte moyenne de 20 à 25 hommes hors de combat, dans laquelle les canonniers entraient généralement pour moitié.

Nous avions toujours, en avant de nos glacis, des compagnies de garde qui battaient le pays à une assez grande distance. Ces glacis et tout le terrain en avant étant couverts de jardins très-fourrés ; cette précaution était indispensable pour éviter les surprises.

Quoique les forces de l'ennemi se fussent considérablement augmentées, ses avant-postes restaient toujours à une assez grande distance ; je ne doutais point qu'ils ne se rapprochassent bientôt et que nous ne fussions incessamment investis de très-près. Dans cette prévision, je répartis les commandements et donnai à chacun un poste définitif de combat.

Notre garnison se composait ainsi : le 1er régiment de ligne (colonel Serra) ; 2 compagnies du 1er étranger ; le dépôt de ce régiment et le détachement que j'avais amené de Castelfidardo formaient un petit bataillon que j'avais mis sous les ordres du capitaine Castellaz ; les 1er, 3e, 4e bataillons des bersaglieri ; 4 compagnies du 5e bataillon de bersaglieri en formation ; 4 compagnies du bataillon de Saint-Patrick ; une compagnie de gendarmerie mobile et un détachement de gendarmes à cheval ; les chevau-légers amenés de Castelfidardo ; environ 450 artilleurs de différentes batteries, et un détachement d'ouvriers du génie. Le bataillon du 1er de ligne et les 3 bataillons de bersaglieri avaient perdu des compagnies prises à Pesaro, Fano, San-Leo ; et, en outre, ce corps avait éprouvé des pertes notables au combat de Sant Angelo. La marche et les fatigues nous avaient donné beaucoup de malades, ce qui réduisait mon infanterie disponible à 4,200 hommes. Votre Excellence jugera combien ce chiffre était insuffisant en présence des forces qui nous menaçaient, pour défendre Ancône, dont le corps de place et les forts présentent un développement de plus de 7,000 mètres.

Je donnai au général de Courten le commandement de l'enceinte propre de la ville, du lazaret et de la redoute de Monte-Scrima occupé par une compagnie. Le général Kansler reçut le commandement des forts extérieurs et des redoutes de Monte-Pelago et Monte-Polito. Le commandement de la place fut donné au colonel Gut.

L'enceinte fut partagée pour la défense entre le colonel de Gaddi, le major Einen et le capitaine Castellaz. Le major de Quatrebarbes continuait ses fonctions fort difficiles et fort périlleuses en ce moment de gouverneur civil.

Le colonel Vogelsang et le major Ginzel, avec les 1er et 3e bataillons de bersaglieri, occupaient alternativement le Gardetto et les redoutes de Pelago et Polito. Le major Prossich, avec une partie de son bataillon et trois compagnies du bataillon Saint-Patrick, occupait le camp retranché. Une compagnie de son bataillon et une compagnie irlandaise étaient dans la citadelle. Enfin deux compagnies qu'on relevait de temps à autre défendaient la lunette de San-Stefano.

Après l'évacuation des deux redoutes de Pelago et Polito, un des deux bataillons du colonel Vogelsang devait rentrer en ville, pour y former une réserve qui ne se composait jusque-là que de la gendarmerie et des chevau-légers aux ordres du colonel Zambelli.

Le 23 qui tombait un dimanche, le bombardement devint très-vif dès le point du jour, après avoir duré toute la nuit. Cela présageait que les colonnes qui nous menaçaient ne tarderaient pas à se rapprocher ; j'allai m'établir à la citadelle pour occuper un point plus central.

La ville fut fort maltraitée ce jour-là. Plusieurs bombes tombèrent dans les églises ; les fidèles qui assistaient au saint sacrifice se dispersèrent, et les prêtres qui le célébraient firent preuve de courage en restant à l'autel. Un des bâtiments de l'escadre ayant mal dirigé sa route pour venir bombarder le Pelago, fut fortement endommagé par l'artillerie des Capucins et du Gardetto. On envoya un autre bâtiment pour l'aider à prendre le large; mais avant que cette opération fût terminée, deux obusiers de campagne, dirigés par le capitaine Mayer, se plaçaient au bout de la vallée des Jardins, sous la falaise, et par un feu bien dirigé, obligèrent promptement ces navires à s'éloigner. Ce petit succès fit grand plaisir à nos braves artilleurs ; mais d'autres bâtiments vinrent bientôt remplacer ceux qui avaient dû quitter le combat.

Dans la soirée nous aperçûmes plusieurs masses de troupes qui venaient déployer leurs tentes sur les collines voisines.

Elles n'étaient plus qu'à 4,000 mètres de nous ; mais leurs avant-postes ne descendaient pas encore dans les vallées qui nous séparaient de ces collines.

Dans la nuit, on avait fait retirer la compagnie qui occupait la redoute de Scrima, de crainte qu'elle ne fût enlevée par l'ennemi. Le lendemain, au jour, elle retourna prendre cette position, et nous aperçûmes bientôt une forte colonne qui débouchait de Falconara sur le bord de la mer, et qui envoyait une partie de son infanterie sur les pentes de Montagnolo La colonne était suivie d'une très-nombreuse artillerie ; nous jugeâmes que cela devait être, ou une partie du parc de siége, ou l'artillerie de réserve des corps d'armée réunis pour concourir au siége. L'infanterie ennemie occupa bientôt les villages et les maisons sur les pentes de notre côté, et quelques tirailleurs s'étant avancés vers la redoute de Monte-Scrima, la fusillade s'engagea. Nous ne voulions pas soutenir une position si avancée ; l'ordre fut donné à la compagnie de se retirer sur Borgo-Pio.

Bientôt la crête se couronne d'artillerie et l'ennemi commence le feu avec ses pièces rayées, à 3,000 mètres environ. Mais il s'aperçut qu'à cette distance les projectiles n'arrivaient pas jusqu'à nous. Nous n'essayâmes pas de lui répondre. Alors il descendit la pente et vint se placer un peu en arrière de la redoute de Scrima, à 1,500 mètres environ du camp retranché, en faisant soutenir son artillerie par un ou deux bataillons d'infanterie. A cette distance, le feu devint plus efficace; les obus éclataient sur la citadelle, sur le camp retranché et dans la ville.

Nous concentrâmes alors le feu de plusieurs de nos grosses pièces sur quelques-unes de celles de l'ennemi ; d'autres furent dirigées sur les petites masses d'infanterie que nous apercevions. Bien que la distance fût un peu longue pour nos canons, quelques coups bien dirigés l'obligèrent à retirer ses pièces que rien ne couvrait, et à remonter à la position de laquelle ils venaient de descendre.

Les canons employés par l'ennemi étaient d'un calibre approchant de celui des pièces de 8 françaises ; les projectiles creux que les soldats appelaient des bouteilles parce qu'ils en ont la forme, pouvaient peser 12 à 14 livres. Ceux qui atteignaient nos escarpes, entièrement découvertes de ce côté, y faisaient de petits trous; mais le tir était trop incertain, pour que l'ennemi pût espérer de faire brèche à cette distance; aussi je ne me rendais pas bien compte du but de cette attaque, son feu se réduisant à un bombardement bien moins redoutable que celui de l'escadre.

Dans la nuit, l'ennemi construisit une batterie de 8 pièces rayées dans la redoute Scrima. Il avait en outre placé sur les pentes de Montagnolo 20 à 25 pièces de canon de même nature que celles de la batterie, abritées seulement par de petits épaulements ou par la forme du terrain. Dès la pointe du jour, il commença le feu sur nos ouvrages et sur la ville; quelques-uns des bâtiments de l'escadre vinrent nous attaquer. Le feu de toutes nos grosses pièces qui avaient vue sur la redoute fut concentré sur elle. Trois mortiers furent en outre apportés dans le même but. Nous aperçûmes que la batterie souffrait beaucoup ; au bout de quelques heures, son feu était à peu près éteint. Quant aux pièces placées en petits goupes, nous les attaquâmes ensuite ; mais nos coups étaient trop incertains.

Un des bàtiments ayant encore fait fausse route, fut endommagé par notre feu. La canonnade et le bombardement étaient des plus nourrris ; la ville eut beaucoup à souffrir.

Une bombe tombe dans la salle des archives du consulat de France : le consul et toute sa famille se trouvaient dans la maison. Une autre éclate dans le palais de l'archevêque.

Le feu continue sans diminuer jusqu'après la nuit close ; nous avions eu plusieurs pièces démontées et des affûts endommagés. La population de la ville avait eu une douzaine de personnes tuées ou blessées ; nos pertes étaient un peu plus considérables que les autres jours.

L'ennemi avait essayé, dans la nuit du 25, de nous enlever le village de Pietra della Croce que nous tenions à 500 mètres en avant de la redoute de Pelago. Le 3e bataillon de bersaglieri, major Ginzel, gardait ce jour-là les deux redoutes ; une compagnie gardait ce village. Après un léger engagement, les bersaglieri ennemis et les nôtres avaient conservé chacun un bout de la position en s'enfermant dans les maisons dont ils s'étaient emparés.

Notre bataillon avait au plus 600 hommes : 100 étaient à cette grand'garde, 300 avec 6 pièces dans la redoute de Pelago, et 200 dans celle de Monte-Polito avec une autre batterie. Cette troupe avait ordre de ne pas défendre ces postes à outrance, mais bien de se retirer lentement, de manière à permettre à l'artillerie de descendre les pentes rapides où elle devait s'engager.

J'avais eu à me plaindre de la manière dont les compagnies étrangères avaient fait le service dans la ville les jours précédents, et j'avais voulu les remplacer dans la garde du poste important que je leur avais confié sur les remparts.

Le capitaine Castellaz, ancien officier des régiments étrangers, très-brave et très-dévoué, était blessé de ma défiance que venaient corroborer des rumeurs que je ne croyais pas sans fondements. Il me proposa, pour éprouver ses soldats, d'enlever, une heure avant le jour, l'extrémité du village de Pietra della Croce, qui nous avait été pris la veille au soir. J'acceptai la proposition. Il attaqua les Piémontais à l'heure convenue ; leur garde assez nombreuse fit feu ; nos gens ripostèrent, puis se retirèrent en désordre ; ce que voyant, l'ennemi les chargea.

Sans le dévouement de trois ou quatre hommes sûrs qu'il avait amenés avec lui, le capitaine Castellaz eût été pris.

La fuite de ces deux compagnies amena la retraite de la compagnie du 3ᵉ bersaglieri qui tenait encore à la tête du village, de l'autre côté. Celle-ci s'arrêta dans la redoute du Pelago, et les deux compagnies étrangères revinrent en ville ayant malheureusement justifié mes appréhensions.

Du côté du Scrima, nous aperçûmes que l'ennemi, qui avait abandonné la veille la batterie faite dans la redoute, en avait construit une nouvelle un peu en arrière de cet ouvrage, et l'avait armée de dix pièces rayées qui nous envoyèrent immédiatement des projectiles d'un calibre notablement plus fort que ceux que la même batterie nous avait lancés la veille. Une trentaine de pièces placées à droite et à gauche de cette batterie commencèrent aussi le feu. De notre côté, nous répétâmes la manœuvre qui avait réussi le jour précédent. Le feu de la batterie diminua bientôt, puis s'éteignit entièrement; nous n'eûmes plus à combattre que les petits groupes de pièces dispersées.

La flotte était venue dès le matin ouvrir le feu sur Monte-Pelago. Vers neuf heures et demie, ce poste fut attaqué par trois bataillons, dont deux se présentèrent de front et le troisième tournait la position par la droite, à travers les jardins; les arbres et la fumée du combat empêchèrent de le découvrir. Assaillies par des forces supérieures, nos quatre compagnies se préparaient à la retraite et commençaient à atteler les pièces d'artillerie qui avaient fait feu jusque-là, lorsqu'on s'aperçut tardivement qu'on était tourné. La route par laquelle on pouvait descendre le canon était occupée par un bataillon qui, à lui seul, avait un effectif plus que double de celui de nos quatre compagnies, et celles-ci se retirèrent sans pouvoir emmener leur artillerie. L'officier qui commandait les trois compagnies qui occupaient la redoute de Monte-Polito fit immédiatement atteler ses pièces et revint en bon ordre.

De la ville d'Ancône et de ses forts, quand on regarde Monte-Pelago, cette colline semble le dominer, de manière que les défenses doivent tomber dès qu'elle est prise par l'ennemi; mais l'importance de ce point est plus apparente que réelle, et tous nos ouvrages extérieurs avaient été défilés de manière à pouvoir tenir malgré la prise de ce point, que nous n'occupions que comme ouvrage de campagne. Néanmoins, la prise de ce poste par l'ennemi impressionna notre garnison, et chacun répétait qu'en 1849 la ville s'était rendue aux Autrichiens immédiatement après la prise de Monte-Pelago. Enhardi par son succès, l'ennemi qui, sans doute, n'avait point fait reconnaître les escarpes en maçonnerie de la lunette San-Stephano, non plus que la manière dont cet ouvrage était flanqué, crut pouvoir l'enlever aussi facilement que les redoutes en terre. Voyant cette attaque se formuler, je fis dire à la lunette et aux forts qui la soutenaient de laisser avancer l'ennemi jusque sur le haut du glacis et de ne commencer le feu que quand ils verraient les premiers assaillants dans le fossé.

Les tirailleurs ennemis attaquèrent franchement, et les plus hardis d'entre eux descendirent jusqu'au pied des escarpes. Un feu terrible les assaillit alors de tous côtés, de front, de flanc et de revers, et ils furent forcés de se retirer en désordre. Ils essayèrent bravement de se réformer derrière les haies et les maisons ; les boulets et les obus vinrent bientôt les en déloger, et ils ne se rallièrent que derrière les redoutes qu'ils avaient conquises quelques heures auparavant.

Quelques officiers à cheval que j'avais vus conduire cette attaque avec autant d'imprévoyance que d'audace, soutinrent très-bravement la retraite qui avait coûté beaucoup de monde à leur troupe. Après un revers, nous venions d'avoir un succès ; mais la flotte qui n'avait plus à bombarder nos redoutes, s'attaqua en revenant au fort des Capucins. Une bombe mit le feu au corps-de-garde, tua plusieurs hommes et blessa grièvement le brave capitaine Capucini, commandant le poste. Une de nos grosses pièces fut brisée par un projectile et deux affûts furent mis hors du service.

Bientôt nous aperçumes sur le bord de la mer s'avancer une longue colonne d'artillerie avec des mulets et des chariots d'outils, escortés par trois ou quatre bataillons d'infanterie. Elle gravit les pentes de Montagnolo, se dirigeant par la même route que celle déjà signalée le jour précédent.

Vers les quatre heures, une très-forte pluie obligea de cesser le feu de part et d'autre. On le reprit deux heures après ; il ne s'arrêta qu'à la nuit close. Les pertes de cette journée avaient été pour nous de 40 hommes tués, blessés ou pris dans l'attaque des redoutes, 20 environ dans les batteries, et un nombre à peu près égal dans le reste de la garnison. La ville avait quatre ou cinq victimes.

L'immense faubourg de Porta-Pia est une grande difficulté pour la défense. Nous avions la veille évacué les coupures que nous y avions faites sur la route. Pendant la nuit du 26 au 27, l'ennemi occupa ce faubourg avec quatre bataillons ; le feu de ses bersaglieri, qui se rapprochaient à la faveur des maisons, devint gênant pour les défenseurs des remparts, aux environs de Porta-Pia et jusqu'à Capo di Monte.

De grand matin, les avant-postes de l'ennemi se rapprochèrent de nos murs et firent replier dans la place les compagnies que nous avions maintenues dans les jardins. Dans ces engagements, le sous-lieutenant de Metternich des bersaglieri fut gravement blessé, et le lieutenant Balisoni, un des plus braves officiers du 1er de ligne, fut frappé à mort.

Quelques coups de canon des batteries de terre et des vaisseaux avaient été tirés le matin ; mais bientôt le feu cessa et la journée fut tranquille.

On s'en étonnait dans la ville et dans la garnison. Les uns se livraient à l'espérance, les autres au découragement ; ceux-ci malheureusement étaient les plus nombreux.

On remarquait que le bombardement prolongé d'Ancône n'avait pas même le privilége d'attirer les navires des grandes puissances neutres que l'on envoie d'ordinaire en pareille circonstance pour protéger les consuls et les nationaux, ainsi que pour faire des offres de service aux habitants qui veulent fuir un champ de bataille où la mort les frappe, quoiqu'ils n'y soient que spectateurs inoffensifs. Le feu sur Ancône durait depuis huit jours. On entendait le canon de Venise, de la côte de Dalmatie, on a dit même de Trieste. Le télégraphe n'était pas resté muet ; l'Europe savait ce qui se passait dans nos murs, et nous n'avions pas aperçu une seule voile neutre ou amie qui manifestât l'intention de communiquer avec nous.

Bientôt nous aperçûmes dans la direction de Camerano une grosse tête de colonne d'artillerie, qui vint jusque sur un plateau voisin de Monte-Acuto. Quelques habitants nous donnèrent alors l'explication du mouvement de va et vient que certains bateaux à vapeur avaient opéré entre Senigaglia et l'embouchure du Musone. C'était une partie du parc de siége que l'on transportait à Umana, et qui de là venait prendre position pour garnir la droite des attaques de l'ennemi. Le silence des batteries qui avaient fait feu jusque-là, et l'arrivée de ce parc de siége, semblaient indiquer que les Piémontais renonçaient à l'espèce de feu de tirailleurs qu'ils avaient engagé les jours précédents, avec 40 ou 50 pièces d'artillerie, et sans beaucoup de succès, contre des fortifications permanentes.

Outre les batteries auxquelles on travaillait sur le Monte-Pelago et le Monte-Polito, ils en faisaient plusieurs à 2,000 et 2,500 mètres de nous, d'où ils pouvaient, avec leur grosse artillerie rayée, nous combattre avec ensemble, sans que nous pussions leur répondre.

L'attaque se régularisait; elle allait prendre une direction plus sérieuse.

Mais eu égard à l'état où la pluie avait mis les chemins et surtout à la difficulté du terrain, il fallait encore plusieurs jours pour que ces batteries fussent armées.

Dans la soirée, il se produisit un fait très-fâcheux. Le lazaret, sorte de grande redoute en maçonnerie entourée d'un petit bras de mer, situé hors de l'enceinte en avant de Porta-Pia, renfermait une partie des magasins des corps. Le feu prit à ces magasins, soit par accident, soit par suite des obus que l'ennemi y avait jetés.

Le feu des tirailleurs embusqués dans quelques maisons du faubourg ayant atteint quelques hommes parmi les défenseurs de cet ouvrage, il fut évacué précipitamment. Les magasins furent pillés en partie, et bientôt on brûla le pont qui établit la communication avec la ville. Nous avions sur les remparts du lazaret trois pièces de canon qui battaient l'entrée de la rade; on les avait abandonnées après les avoir enclouées.

Nous devions vivement regretter leur concours le lendemain.

Dans la nuit du 27 au 28, l'escadre tente avec ses chaloupes de couper la chaîne du port. Nos cannonières s'en aperçurent et quelques coups de canon à mitraille tirés sur les chaloupes de l'ennemi l'empêchèrent de réussir.

Le matin, nous aperçûmes une batterie que l'ennemi avait construite dans le Borgo-Pio, à 600 mètres de la Porta-Pia, contre laquelle elle commençait à tirer. Nous concentrâmes immédiatement sur cette batterie assez de feu pour obliger l'ennemi à l'évacuer. La canonnade de Monte-Scrima continuait comme la veille.

Mais les bataillons qui occupaient le faubourg s'étaient procuré des bateaux pendant la nuit ; l'un d'eux s'étant introduit dans le lazaret, ses tirailleurs, qui étaient à 40 ou 50 mètres de Porta-Pia, incommodaient beaucoup nos canonniers et les fantassins qui les soutenaient.

Mais aussitôt quatre pièces de campagne, aux ordres du capitaine Meyer, se portèrent sur l'esplanade de Capo-di-Monte, et occasionnèrent au bataillon qui occupait le lazaret des pertes si considérables que son feu fut bientôt éteint. Il chercha à faire retraite; mais il fallait traverser le petit bras de mer qui entoure l'ouvrage, et nos batteries gênèrent bientôt ce mouvement. Peu après, nous aperçûmes une très-forte colonne d'infanterie qui se dirigeait vers Monte-Pelago ; elle fit halte en dehors de la portée de nos canons. Quelques bombes seulement purent atteindre les têtes de colonne.

Le mouvement de cette grosse colonne ne se continua pas ; mais à midi, les frégates se dirigèrent vers les batteries du môle et de la lanterne et commencèrent contre elles un combat à outrance, en se relevant les unes après les autres. Le lieutenant Wesminsthal, qui commandait ces batteries, déploya dans cette affaire une intrépidité au-dessus de tout éloge; le sous-lieutenant della Piana ainsi que ses soldats suivirent son exemple.

La batterie barbette de la lanterne fut bientôt désemparée, et grand nombre de canonniers tués ou blessés; le reste en petit nombre se réfugia dans la batterie basse. Tournant alors les batteries du môle, une des frégates les prit à revers. Nos canonniers retournèrent leurs pièces et combattirent à découvert. Quelques volées de mitraille et deux bordées de la frégate eurent bientôt démonté les pièces et mis bon nombre d'hommes hors de combat. Les autres, malgré leur bravoure, durent suivre ceux de la barbette et rentrer dans la batterie casematée qui seule était tenable en ce moment. Cette batterie avait neuf pièces, et comme les frégates ne l'attaquaient que sur une face, trois pièces seulement pouvaient répondre à leur feu ; leurs énormes projectiles lancés à 400 ou 500 mètres démolissaient rapidement les murs et accroissaient à chaque instant la largeur des embrasures. Bientôt la mitraille devint presqu'aussi redoutable dans la batterie casematée qu'elle l'avait été sur la barbette. La frégate qui attaquait en tête, jugeant de son immense supériorité, s'approcha à une distance de moins de 250 mètres.

Bientôt une de nos pièces fut brisée par un obus de 80. Les canonniers qui la servaient furent tous mis hors de combat. Sur 120 canonniers défendant cette partie de nos remparts, il en restait à peine de quoi servir les deux pièces qui faisaient feu ; les blessés étaient employés au service des munitions. La frégate reçut plusieurs boulets qui l'endommagèrent sérieusement ; le lieutenant Wesminsthal, qui, avec la poignée d'hommes qui lui restait, voulait s'ensevelir sous les ruines de sa batterie, pointait une de ces deux dernières pièces, lorsqu'il fut frappé à mort par un coup de mitraille. Cette lutte inégale avait duré une heure et demie ; mais elle devait bientôt finir.

Un des obus ennemis entrant dans la batterie par une des embrasures agrandies, pénétra dans un des magasins à poudre et fit sauter les batteries. Le quai fut fortement endommagé, et les murs auxquels était attachée la chaîne ayant été renversés, toutes les défenses du port se trouvaient détruites.

Une brèche de 500 mètres de largeur était ouverte au corps de la place ; car en arrière, l'enceinte de la ville n'offrait point d'obstacles sérieux. L'ennemi pouvait débarquer sur le quai et nous enlever d'assaut sans que nous pussions l'en empêcher. Je fus obligé alors d'arborer le pavillon blanc sur la citadelle ; tous les forts répétèrent ce signal.

J'envoyai immédiatement le major Mauri à bord du vaisseau amiral pour traiter la capitulation ; il était environ quatre heures et demie du soir. Le feu cessa immédiatement de part et d'autre, et les choses restèrent ainsi jusque vers neuf heures. Alors l'ennemi recommença à tirer du côté de la terre de quelques-unes de ses batteries ; le lendemain, vers neuf heures, le feu cessa de nouveau, et, après divers échanges de parlementaires, la capitulation que Votre Excellence connaît fut signée à deux heures.

Je n'ajouterai rien sur ce qui s'était passé dans la nuit et dans la matinée. Il ne sied point au vaincu de se plaindre du vainqueur ; je m'en rapporte, quant aux faits, à la lettre fort connue du major de Quatrebarbes, et, quant aux appréciations, je m'en réfère à celles de l'amiral Persano, qui a osé dire la vérité à son pays avec un courage qui ne fait pas moins d'honneur à la marine piémontaise que le fait d'armes qui a amené la prise d'Ancône.

Je termine ce rapport, déjà beaucoup trop long, en répondant un mot aux reproches qu'on m'a adressés pour avoir publié, au commencement de la guerre, quelques documents qui me semblaient annoncer l'appui de la France.

Je ne fais nulle difficulté de convenir que dans les premiers jours j'ai cru à cet appui ; dès lors, il était bien naturel de me servir de ces pièces pour soutenir le moral des troupes que je commandais.

Mais on se tromperait fort, si l'on voulait chercher l'explication du plan de campagne que j'ai adopté dans l'espoir du concours qui semblait nous être promis. J'étais placé en présence d'une question de devoir et d'honneur, et si j'eusse tenu compte dans mes résolutions de la grandeur du péril qui pouvait nous attendre, mes anciens compagnons d'armes de l'armée française m'auraient renié, et j'ose même dire qu'ils ne m'auraient pas reconnu.

Votre Excellence trouvera ci-dessous la liste des militaires qui se sont le plus particulièrement distingués dans les divers combats qui font l'objet de ce rapport. Cette liste est encore incomplète pour plusieurs bataillons ; des renseignements ont été demandés à ce sujet, et il sera bientôt facile de réparer les omissions involontaires que j'ai pu faire.

Veuillez agréer, Monseigneur, etc.

DE LA MORICIÈRE.

APPENDICE

———

Pour l'intelligence complète du travail du général de L a Moricière, nous avons cru devoir joindre à ce rapport deux lettres et une relation publiées sur l'invasion piémontaise, par M. le comte de Quatrebarbes, gouverneur civil d'Ancône.

I

Le rapport du général Fanti est aujourd'hui connu ; il confirme pleinement les faits que j'avais signalés, et que le marquis de Brignole a reproduits dans son discours au sénat de Turin.

Ce n'est pas ici le lieu de relever les nombreuses inexactitudes de détail qui se trouvent d'ailleurs dans ce rapport. — Je ne m'arrêterai qu'à *une*, qui porte sur une seule phrase.

« *A une heure et demie après midi, le marquis Lépri* « *étant revenu avec la copie de la convention acceptée par le* « *général de La Moricière, j'ai fait cesser le feu.* »

Ainsi, il est acquis à l'histoire que l'armée piémontaise a bombardé Ancône après l'envoi des parlementaires, et malgré le drapeau blanc hissé dès la veille sur tous les forts.

Mais le général Fanti se vante : ce n'est pas à une heure et demie du soir que le feu a cessé, mais bien à huit heures du matin ; et il est au moins maladroit de charger son blason de six heures de plus d'infamie.

Comte de QUATREBARBES.

Angers, 13 octobre 1860.

II

Les différents journaux de Paris, du 30 octobre, publient une dépêche télégraphique de l'agence Havas, datée de Rome et ainsi conçue :

Rome, 29 octobre.

« Un article du général de Lamoricière, inséré dans le journal « officiel, et commentant une *prétendue* dépêche adressée au « consul de France, à Ancône, par M. de Gramont, a motivé de « la part de ce dernier, une protestation dont il exige la publi-« cation dans le journal officiel. »

Je n'ai point à discuter ici la protestation de M. le duc de Gramont, dont je ne connais pas les termes. Je laisse ce soin à mon noble et vaillant général, dont la parole sera crue de toute l'Europe, malgré les dénégations contraires.

Mais ce que j'ai à dire, le voici : Le 11 ou le 12 septembre, lorsque le brave colonel Zapi se défendait héroïquement à Pesaro, dans une ville ouverte, un contre vingt, en face de l'armée piémontaise, le consul de France à Ancône, M. de Courcy, accourut en toute hâte au palais de la Délégation que j'habitais. Il tenait à la main une dépêche télégraphique, qu'il venait de recevoir, signée duc de Gramont, ambassadeur à Rome :

« *L'Empereur ne tolèrera pas la coupable invasion des* « *États pontificaux par le gouvernement piémontais.*

« **L'Empereur a écrit de Marseille au roi de Sardaigne pour**

« lui signifier qu'il s'y opposerait. Des ordres sont donnés pour
« l'embarquement à Toulon de nouvelles troupes, qui arriveront
« à Civita-Vecchia sans délai. »

Excepté les lignes soulignées, je ne suis pas assez sûr de ma
mémoire pour garantir le texte littéral de cette dépêche. Mais
je puis, sur ma parole, en garantir le *sens rigoureux*.

Je me rendis sur-le-champ, avec M. de Courcy, au palais
consulaire ; et nous convînmes que, pour arrêter l'effusion du
sang, qui coulait à flots dans une lutte inégale et impie, un des
employés du consulat se rendrait immédiatement à Pesaro,
pour communiquer la dépêche au général en chef de l'armée
piémontaise.

Quelques heures plus tard, le représentant du consul de
France remettait effectivement cette dépêche au général piémontais, qui se contentait d'en donner un simple reçu, puis
marchait en avant sans autre souci de la défense du gouvernement français.

Je ne redirai pas ici les paroles attribuées aux généraux Fanti
et Cialdini pour expliquer leur audace. L'*Indépendance belge*
les a fait en *partie* connaître, et elles m'ont été répétées par les
témoins les plus dignes de foi. Je ne veux affirmer que les
choses *que j'ai vues et entendues*, et aucun démenti au monde
ne peut empêcher ce récit d'être vrai.

Comte de QUATREBARBES,

Gouverneur de la ville et province d'Ancône, avant et pendant le siége.

Chanzeaux, 31 octobre 1860.

III

Voici la relation de M. de Quatrebarbes :

« Un fait monstrueux qui a eu pour témoins toute la population d'Ancône et sa garnison, ainsi que la flotte et l'armée piémontaise, a suivi la reddition d'Ancône et caractérisé la guerre
sans nom intentée par le Piémont au Saint-Siége.

« Après avoir essayé d'établir les tranchées à 300 mètres de
la place, et en avoir été balayée par l'artillerie de la garnison,

après avoir tenté, sans plus de succès, la même opération à 600 mètres, l'armée piémontaise, retirée à 1,500 mètres, commençait les tranchées afin de faire un siége régulier. Le 28 septembre, malgré une canonnade et un bombardement non interrompus pendant dix jours, les Piémontais n'avaient pas remporté le moindre avantage, pas une pierre n'était tombéo des fortifications.

« A ce moment la flotte ennemie, composée de dix frégates armées de canons rayés de 130 et de 80, prit enfin le parti de s'embosser devant le port.

« Les défenses du fort se composaient de la batterie du Môle, armée de douze canons de tout calibre, depuis celui de 18 jusqu'à 54 (il y en avait un de ce dernier calibre), d'une autre batterie de deux pièces de 12, du bastion Saint-Augustin, armé d'une seule pièce de 18, du bastion Sainte-Lucie, armé de trois pièces de 18, de deux batteries flottantes et de quatre palanques à l'ancre dans le port, armées chacune d'une pièce de 18, en tout 24 pièces de différents calibres. L'entrée du port était fermée par une forte chaîne solidement attachée au Môle, près de la lanterne.

« Le feu de 400 pièces de la flotte ayant fait taire nos 24 canons, la poudrière ayant fait explosion, la chaîne qui fermait le port est tombée à la mer avec les décombres de la batterie du Môle. Tout le port était ainsi ouvert sur une étendue de 500 mètres et la ville se trouvait sans défense, à la merci du vainqueur.

« C'est alors que le drapeau blanc fut hissé sur les forts et la citadelle. Le général en chef envoya un parlementaire à l'amiral, et le feu cessa des deux côtés.

« Il était alors quatre heures et demie du soir.

« Pendant que les conditions de la capitulation se discutaient, l'armée de terre, furieuse d'avoir été repoussée des positions qu'elle avait voulu occuper et de n'avoir en quelque sorte rien fait pour contribuer à la prise de la ville, recommença le feu sur toute la ligne. Le bombardement et la canonnade ont duré depuis 9 heures du soir le 28, jusqu'à 9 heures du matin le lendemain 29, malgré l'envoi des parlementaires, malgré les sonneries annonçant la cessation du feu, malgré l'envoi à terre d'officiers de la marine piémontaise, malgré l'ordre donné par l'amiral à ses marins, débarqués pour le service d'une batterie de terre, de revenir à bord, malgré enfin une lettre très-vive de l'amiral qui ne voulait pas tremper dans une pareille infamie.

« Pendant tout ce temps, pas un seul coup de canon n'a été tiré de la place.

« Ainsi, l'armée piémontaise a bombardé sans relâche pendant douze heures, une ville sans défense, contrairement au droit des gens et à tout sentiment d'honneur et d'humanité.

« L'amiral Persano a rendu lui-même compte à Turin du refus persistant de l'armée de terre de cesser le feu.

« Je livre ce fait à l'indignation de tous les honnêtes gens.

« Comte de QUATREBARBES. »

Angers, le 8 octobre 1860.

TABLE DES MATIÉRES.

CARTES

DRESSÉES PAR M. DE CHEVIGNÉ, CAPITAINE D'ÉTAT-MAJOR,
AIDE-DE-CAMP DU GÉNÉRAL.

EXTRAIT DU CATALOGUE

DE LA

LIBRAIRIE CH. DOUNIOL

Rue de Tournon, 29, à Paris

Comte CHARLES DE MONTALEMBERT
DE L'ACADÉMIE FRANÇAISE.

Les Moines d'Occident. 2 vol. in-8° . . . . 15 fr.

Comte A. DE FALLOUX
DE L'ACADÉMIE FRANÇAISE.

Madame Schwetchine, sa vie, ses œuvres. — Pensées. — Morceaux choisis. —
Traités divers. 2 vol. in-12 . . . . 7 fr.

Prince ALBERT DE BROGLIE

L'Église et l'Empire Romain. 4 vol. in-8° . . . . 28 fr.
Questions de religion et d'histoire. 2 vol. in-8°. . . . . . . 15 fr.

Comte FRANZ DE CHAMPAGNY

La Charité chrétienne dans les premiers siècles de l'Église. 1 vol
in-12 . . . . 3 fr.
Les Césars. 3 vol. in-12 . . . . 14 fr.
Rome et la Judée. 1 vol. in-8°. . . . . 6 fr.

R. P. DE PONLEVOY

Vie du R. P. Xavier de Ravignan. 2 vol. in-8°. . . . . 15 fr.

R. P. DE RAVIGNAN

Conférences prêchées à Notre-Dame. 4 vol. in-8°. . . . . . . 28 fr.
Entretiens spirituels aux Enfants de Marie. 1 vol. in-12. . . . 3 fr.
Dernière retraite au Carmel. . . . . 2 fr.

R. P. LACORDAIRE

OEuvres. 6 vol. in-12. . . . . 20 fr.

R. P. GRATRY

Philosophie. De la Connaissance de Dieu, Logique, de la Connaissance de
l'âme. 6 vol. in-8°. . . . . 36 fr.

Lady GEORGINA FULLERTON

Madame la comtesse de Bonneval, avec une préface par M. Douhaire.
1 vol. in-8° . . . . 5 fr.
Rose Leblanc, avec préface par M. Douhaire. 1 vol. in-8° . . . . . 5 fr.

POUJOULAT

Le R. P. de Ravignan, sa vie, ses œuvres. 1 vol. in-8° . . . . 7 fr. 50 c.
Le Cardinal Maury, sa vie, ses œuvres. 1 vol. in-12 . . . . . 3 fr. 50 c.

DOUHAIRE

Les Conteurs russes. 1 vol. in-12 . . . . 3 fr.

A. DE COURCY

L'Honneur. 1 vol. in-12 . . . . 1 fr. 25 c.
Un Nom. 1 vol. in-12 . . . . 2 fr. 50 c.
Esquisses. 1 vol. in-12 . . . . 3 fr. »

Mademoiselle JULIE GOURAUD

Causeries — Nouvelles — Mélanges. 1 vol. in-12 . . . . 3 fr.

Comtesse DE BASSANVILLE

De l'Éducation des Femmes. — Le Monde. — Le Chez-Soi. 1 vol.
in-12, avec une préface par M. Nettement. . . . . 3 fr.

Monseigneur LANDRIOT
ÉVÊQUE DE LA ROCHELLE.

Mandements et Discours. 2 vol. in-8° . . . . 10 fr. 50 c.

L'abbé GUINOT

Études sur l'abbaye de Remiremont. 1 vol. in-8° . . . . . . 5 fr.

L'abbé GORINI

Défense de l'Église. 3 vol. in-8° . . . . 18 fr.

CHATELET

Crimes et délits de l'Angleterre contre la France, ou l'Angleterre
jugée par elle-même. 1 vol. in-8° . . . . 5 fr.

L'abbé BAUNARD

Théodulfe, évêque d'Orléans et abbé de Fleury-sur-Loire. 1 vol. in-8°. 6 fr.

R. P. SCHOUWALOFF

DANS LE MONDE COMTE GRÉGOIRE SCHOUWALOFF.

Ma Conversion et ma Vocation. 1 vol. in-8°. . . . . 6 fr.

R. P. GAGARIN

La Russie sera-t-elle catholique ? 1 vol. in-8°. . . . . . . 2 fr. 50 c

R. P. DANIEL

Des Études classiques dans la Société chrétienne. 1 vol. in-8°. 5 fr.

MERCIER

Manuel d'Économie politique. 1 vol. in-8°. . . . . 2 fr.

R. P. LESCŒUR

L'Église catholique de Pologne sous le gouvernement Russe. 1 vol. in-8°. . . . . 6 fr.

Théodicée chrétienne, sur le traité de *Deo,* du P. Thomassy. 1 vol. in-8°. 6 fr.

THOMASSY

Le Maroc. Relations de la France avec cet Empire. 1 vol. in-8°. . . . 5 fr.

TONNELLI

Fragments sur l'Art et la Philosophie. 1 vol. in-8°. . . . . . 6 fr.

DE CHALEMBERT

Histoire de la Ligue. 2 vol. in-8°. . . . . 10 fr.

SERANON

Les villes consulaires et les Républiques de Provence au moyen âge. 1 vol. in-8°. . . . . 3 fr.

CHARLES LENORMANT

MEMBRE DE L'INSTITUT.

Cours d'Histoire ancienne. Introduction à l'Histoire de l'Asie Occidentale. 1 vol. in-8° . . . . 5 fr.

Cours d'Histoire Moderne (questions historiques), professé à la Faculté des Lettres. 1 vol. in-12. . . . . 8 fr.

E. KELLER

CARTE
DU
COMBAT DE CASTELFIDARDO
1860 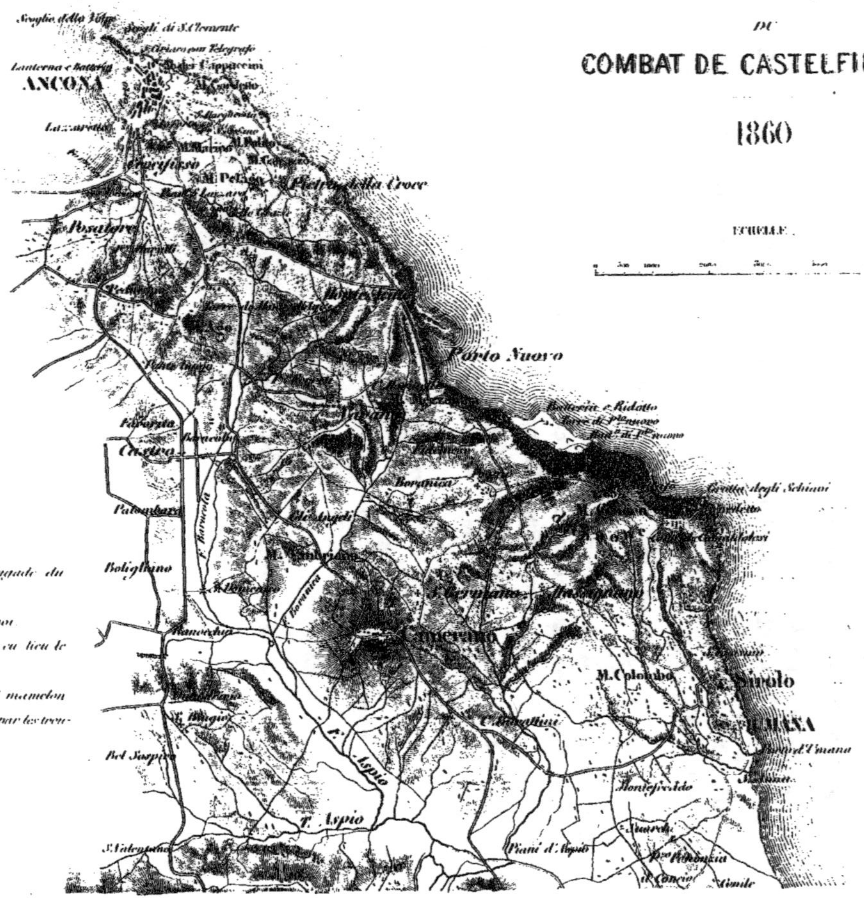
ECHELLE
LÉGENDE
A Route suivie par la Brigade du Général de Pimodan
B Route que suivit le Convoi
C Maison à mi-côte ou a eu lieu le combat le plus vif
D Maison située sur le 1er mamelon plusieurs fois attaquée par les troupes pontificales
ANCONA
Scoglio dello Volpe
Scogli di S. Clemente
Capuccini con Telegrafo
Madre Cappuccini
Lanterna e Batteria
Lazzaretto
S. Margherita
Il Pelago
Pietra della Croce
Posatora
Monte d'Oro
Porto Nuovo
Fontespina
Castro
Batterie e Ridotto
Torre di P. nuovo
Grotta degli Schiavi
Palombara
Boranica
Boligliano
S. Clemente
M. Colombo
Sirolo
UMANA
Crocette
T. Aspio
Aspio
Montefredo
Bel Sospiro
Piani d'Aspio
S. Valentino

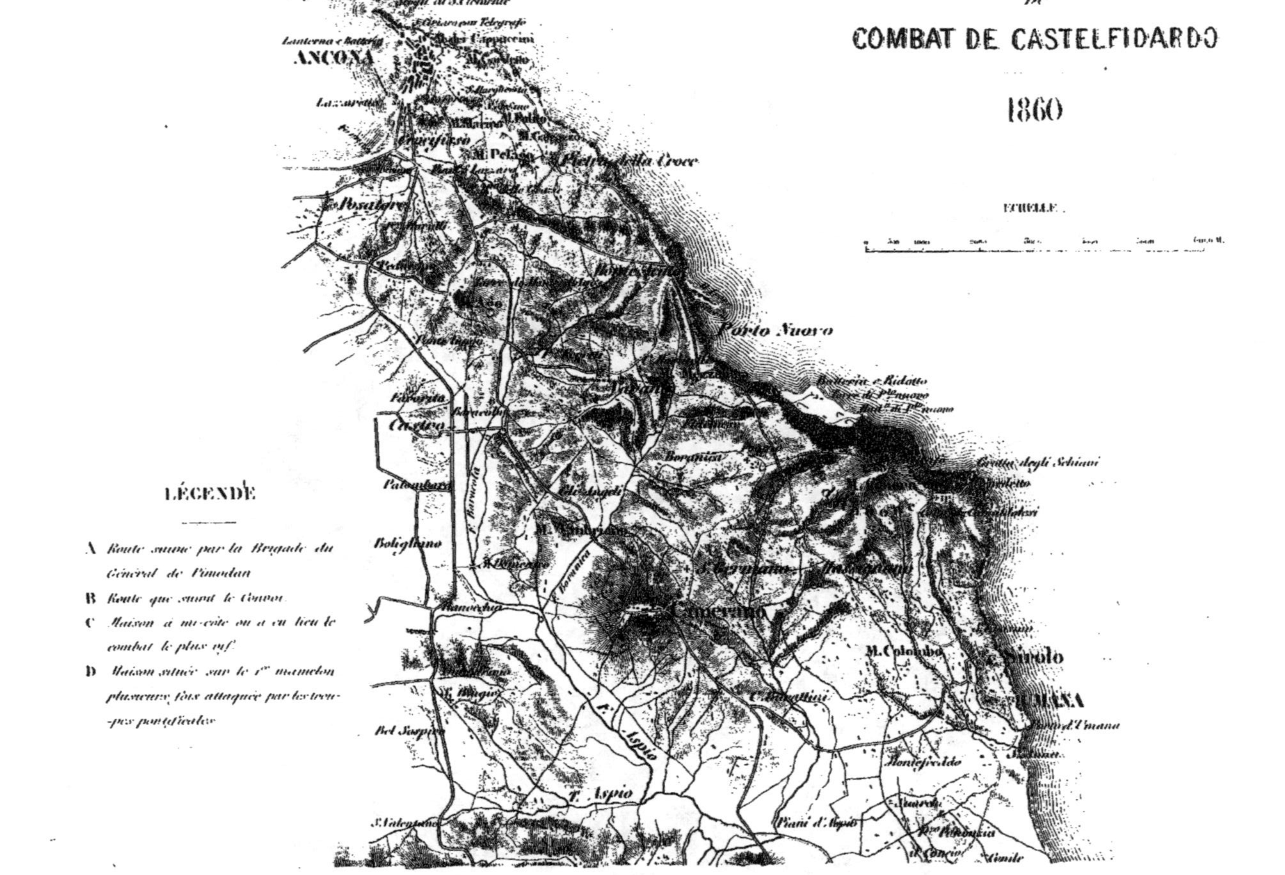

DU
COMBAT DE CASTELFIDARDO
1860
ECHELLE
LÉGENDE
A Route suivie par la Brigade du Général de Pimodan
B Route que suivit le Convoi
C Maison à mi-côte où a eu lieu le combat le plus vif
D Maison située sur le 1er mamelon plusieurs fois attaquée par les troupes pontificales
ANCONA
Porto Nuovo

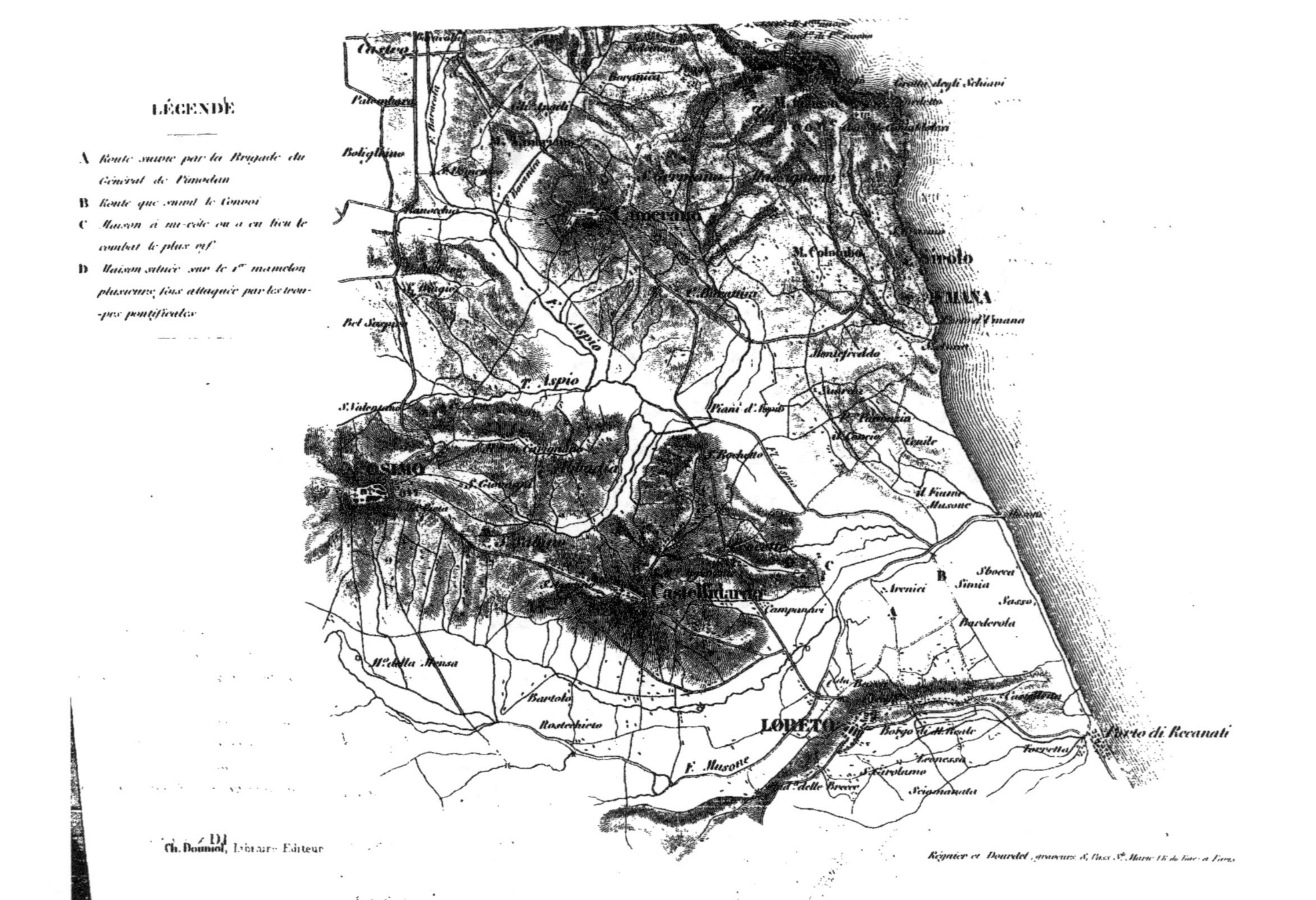

LÉGENDE
A Route suivie par la Brigade du Général de Pimodan
B Route que suivit le Convoi
C Maison à mi-côte où a eu lieu le combat le plus vif
D Maison située sur le 1er mamelon plusieurs fois attaquée par les troupes pontificales
Ch. Douniol, Libraire-Éditeur
Régnier et Dourdet, graveurs, Rue Ste. Marie 15 du Fac. à Paris
Castro
Paterbasia
Bolighino
Camerano
M. Colombo
Grotte degli Schiavi
Sirolo
UMANA
Montefreddo
T. Aspio
F. Aspio
Piani d'Aspio
Bel Segnio
S. Valentino
OSIMO
S. Giovanni
Rochetto
Il Fiume Musone
Castelfidardo
Campanari
Arenici
Simia
Sasso
Barderola
Mª della Mensa
Bartolo
Rostechieto
LORETO
Borgo di M. Monte
Porto di Recanati
Ferretta
F. Musone
S. Girolamo

A LA MÊME LIBRAIRIE

LA LETTRE IMPÉRIALE ET LA SITUATION ; par M. le prince Albert DE BROGLIE. In-8. — 50 c.

DE LA DESTRUCTION DU POUVOIR TEMPOREL DU PAPE ; par César BALBO. In-8. — 50 c.

QUELQUES MOTS DE VÉRITÉ SUR NAPLES ; par M. le vicomte Anatole LEMERCIER. In-8. — fr.

QUESTION ITALIENNE. Un ouvrier entre le *Pape* et le *Congrès* ; par M. THEULIER, ouvrier, peintre en bâtiments. In-8. — 50 c.

DE LA PUISSANCE DES MOTS DANS LA QUESTION ITALIENNE ; par M. le comte Franz DE CHAMPAGNY. In-8. — 80 c.

A QUI LA FAUTE ? ou origine de la question romaine ; par M. l'abbé VERVORST. In-8. — 1 fr. 25

AUX CATHOLIQUES et aux hommes de bonne foi. Quelques questions sur la papauté ; par M. l'abbé FABRE, du diocèse de Rodez. In-8. — 80 c.

DE L'AUTORITÉ DES FAITS ACCOMPLIS ; par M. Armand-Louis MÉNARD. In-8. — 50 c.

LA FRANCE ET LE PIÉMONT, Italie et Savoie ; par Prosper RAMBAUD. In-8. — 50 c.

LETTRE A NOS COMMETTANTS ; par MM. DE CUVERVILLE (des Côtes-du-Nord), KELLER (du Haut-Rhin), le vicomte Anatole LEMERCIER (de la Charente-Inférieure). In-8. — 30 c.

LETTRE D'UN VENDÉEN à M. le ministre des affaires étrangères, en réponse aux pièces diplomatiques destinées à combattre l'Encyclique du Pape ; par H. GRIMOUARD DE SAINT-LAURENT. In-8. — 50 c.

QUE FAIRE POUR LE PAPE ? par H. GRIMOUARD DE SAINT-LAURENT. — 50 c.

PAPAUTÉ ET MAZZINISME, par MM. A. D. et P. O. In-12. — 2 fr. 50

QUESTION ROMAINE. Croisade, par M. le comte de COSNAC. Grand in-8. — 80 c.

DES ANTÉCÉDENTS et des conséquences de la situation actuelle ; par le comte DE FALLOUX, de l'Académie française. In-18. — 50 c.

LA FRANCE A ROME et le futur royaume d'Italie ; par Charles de Riancey. In-18. — 50 c.

ORAISON FUNÈBRE des volontaires catholiques de l'armée pontificale, morts pour la défense du Saint-Siége ; par Mgr l'évêque d'Orléans. In-8. — 60 c.

LES VOLONTAIRES PONTIFICAUX A CHEVAL ; par le comte DE TOURNON. — 50 c.

LE PAPE-ROI ; par Ernest GERVAIS. In-8. — 80 c.

LE MINISTÈRE PUBLIC ET LE BARREAU, leurs droits et leurs rapports, avec une introduction de M. BERRYER. 1 vol. in-8. — 3 fr.

DE LA LIBERTÉ DE L'HISTOIRE ; par Amédée LEFÉVRE-PONTALIS, avocat à la Cour de Paris. In-8. — 1 fr.

UNE PERSÉCUTION DU CHRISTIANISME EN 1860. Les derniers événements de Syrie ; par François LENORMANT. 1 vol. in-8. — 2 fr. 50

Paris. — Imprimerie de W. REMQUET et Cie, rue Garancière, 5.